essentials

Essentials liefern aktuelles Wissen in konzentrierter Form. Die Essenz dessen, worauf es als „State-of-the-Art" in der gegenwärtigen Fachdiskussion oder in der Praxis ankommt. *Essentials* informieren schnell, unkompliziert und verständlich

- als Einführung in ein aktuelles Thema aus Ihrem Fachgebiet
- als Einstieg in ein für Sie noch unbekanntes Themenfeld
- als Einblick, um zum Thema mitreden zu können

Die Bücher in elektronischer und gedruckter Form bringen das Fachwissen von Springerautor*innen kompakt zur Darstellung. Sie sind besonders für die Nutzung als eBook auf Tablet-PCs, eBook-Readern und Smartphones geeignet. *Essentials* sind Wissensbausteine aus den Wirtschafts-, Sozial- und Geisteswissenschaften, aus Technik und Naturwissenschaften sowie aus Medizin, Psychologie und Gesundheitsberufen. Von renommierten Autor*innen aller Springer-Verlagsmarken.

Ronald Deckert

Resilienz von Mensch, Organisation und Gesellschaft

Zukunftssicherung unseres Lebens in Wohl, Würde und Freiheit

Ronald Deckert
Hamburger Fern-Hochschule
Hamburg, Deutschland

ISSN 2197-6708 ISSN 2197-6716 (electronic)
essentials
ISBN 978-3-658-50947-7 ISBN 978-3-658-50948-4 (eBook)
https://doi.org/10.1007/978-3-658-50948-4

Die Deutsche Nationalbibliothek verzeichnet diese Publikation in der Deutschen Nationalbibliografie; detaillierte bibliografische Daten sind im Internet über https://portal.dnb.de abrufbar.

Springer Gabler ist ein Imprint der eingetragenen Gesellschaft Springer Fachmedien Wiesbaden GmbH und ist ein Teil von Springer Nature.
Die Anschrift der Gesellschaft ist: Abraham-Lincoln-Str. 46, 65189 Wiesbaden, Germany

Wenn Sie dieses Produkt entsorgen, geben Sie das Papier bitte zum Recycling.

Vorwort

Rund um Resilienz ist aus verschiedenen Gründen – und dies in der heutigen Zeit bei sehr hoher Relevanz bis hin zu Demokratie und Freiheit – ein Begriffs- und Bedeutungskontext entstanden, der aufgrund von Vielfalt und Komplexität mindestens zu Beginn schwer zugänglich wirken kann. Das *essential* soll anhand ausgewählter Gedanken einen ersten Einstieg ermöglichen, den Sie als Leserin und Leser je nach eigenem Interesse vertiefen können.

Gleichwohl jede und jeder von uns mit Blick auf die eigene Resilienz als Mensch womöglich ihren und seinen ganz persönlichen Weg in Richtung Zukunft vor sich hat, sind wir alle zugleich für eine resiliente Gesellschaft insgesamt aufeinander angewiesen; direkt in den Gemeinschaften um uns herum wie auch in größeren Zusammenhängen. Auch zukünftig wird es darauf ankommen, ob und inwieweit wir alle bereit sind, uns persönlich in die Gesellschaft insgesamt einzubringen. Manche Situation kann in besonderer Weise reflektierten Umgang mit Komplexität erfordern, um diese resilient zu überstehen, ebenso wie je nach Situation Klarheit, Einfachheit und Mut wesentlich sein können; vielleicht manchmal schwer zu unterscheiden, vielleicht auch manchmal schwer zu entscheiden und vielleicht auch manchmal schwer zu verbinden.

Es geht heute auch um die Widerstandskraft sowie Anpassungs- und Veränderungsfähigkeit von jeder und jedem von uns auf einem und für einen lebenswerten Planeten Erde, der auch in Zukunft freiheitlich-demokratische Gesellschaften beherbergt, in denen Menschen in Sicherheit, Frieden, Freiheit, Wohl und Würde leben. Es geht um viel! Und manche würden vielleicht sagen: Es geht um alles!

Die Veröffentlichung des vorliegenden *essenzials* erfüllt mich mit großer Dankbarkeit gegenüber meinen Eltern für fast alles, was mich heute ausmacht, und für das, was mich heute stark macht, und mit ebenso großer Dankbarkeit für ein Leben seit mehr als 50 Jahren in Frieden und Freiheit.

„Stark ein Herz, das seine Wurzeln kennt."

Ich wünsche Ihnen eine bewegende Lektüre.

Hamburg, Deutschland   Prof. Dr. Ronald Deckert

Was Sie in diesem *essential* finden können

- Vielfältige Einordnung von Resilienz auf individueller, organisatorischer und gesellschaftlicher Ebene; mit individueller Resilienz als eng verflochten mit der Resilienz von Gemeinschaften
- Mannigfache Blickwinkel, Zukunfts- und Handlungsperspektiven zur Einordnung eigener Aktivitäten
- Literaturquellen und Hinweise zur Vertiefung nach Interesse

Inhaltsverzeichnis

Über den Autor

Prof. Dr. Ronald Deckert HFH · Hamburger Fern-
Hochschule
Teichweg 19, 22081 Hamburg, Germany
https://www.hfh-fernstudium.de/fernhochschule-
mitarbeiter-ronald-deckert
Ronald.Deckert@hamburger-fh.de

Einleitung

1

„In unserer freien Existenz für Wohl und Würde mit Kopf, Herz und Hand liegt – bei allen Wirren und in der Stille – ein verlässlicher Kompass für alle unsere Pfade.“

Unter Resilienz wird hier einführend ein **vernetztes Erkenntnis- und Handlungsfeld** verstanden, das sich über sehr weite, mindestens **planetar** (Stockholm Resilience Center 2025; Rockström et al. 2021), **technisch** (Thoma 2014; acatech 2014), **international** (United Nations 2020; Max 2024a; FüAkBw 2025), **national** (Max 2024a; FüAkBw 2025), **regional bzw. kommunal** (Hernández 2021; Lachapelle et al. 2021a; Max 2024a), **städtisch** (Deppich 2016; Max 2024a), **wirtschaftlich** (Brinkmann et al. 2017), **landwirtschaftlich** (WBGU 2020), **touristisch** (Eilzer et al. 2023), **gesundheitsbezogen** (WBGU 2023), **sozialwirtschaftlich** (Evers 2024), **soziologisch** (Blum et al. 2016; Bruhn 2021), **wissenschaftlich** (Wissenschaftsrat 2021), **bildungsbezogen** (Beer 2023), **verteidigungs-/sicherheitsbezogen** (Major und Mölling 2015; Voss 2021; FüAkBw 2025), **organisatorisch** (McAslan 2010; Scherrer 2020), **projektbezogen** (Naderpajouh et al. 2023), **familienbezogen** (Jaspersen 2025) und **individuell bzw. psychologisch** (Fooken 2016; Kalisch 2022; Staller et al. 2023; Gilan et al. 2024b; Eckert 2025; Braun et al. 2025) **geprägte Perspektiven** erstreckt. Vor dem Hintergrund der allein hierin schon zum Ausdruck kommenden Komplexität wird der Einstieg in einer disziplinübergreifenden Annäherung an den Begriffs- und Bedeutungskontext rund um Resilienz gesucht, wofür der **einführende Hinweis auf folgende Einordnung** zweckmäßig erscheint:

> „Disziplinübergreifend bezeichnet Resilienz die **Toleranz von Systemen gegenüber Störungen** [Hervorhebung ergänzt]“ (Gilan et al. 2024b, S. 22).

© Der/die Autor(en), exklusiv lizenziert an Springer Fachmedien Wiesbaden GmbH, ein Teil von Springer Nature 2026
R. Deckert, *Resilienz von Mensch, Organisation und Gesellschaft*, essentials, https://doi.org/10.1007/978-3-658-50948-4_1

Vielleicht beginnen Sie hier einmal damit, sich **(1) verschiedene „Systeme"** in diesem Sinne – also beispielsweise etwa ein technisches System, eine Gesellschaft, eine Organisation oder eine Person – **vorzustellen** und sich **(2) für verschiedene „Störungen"** – wie außergewöhnliche Ereignisse, Krisen oder Katastrophen – **gedanklich auszumalen, was es bedeuten kann, dass sich ihr gedachtes System gegenüber ihrer gedachten Störung durch „Toleranz" auszeichnet.** Gegebenenfalls ist für das Ersinnen von Beispielen hier auch der Begriff der „**Alltagssysteme**, die auf [...] die Alltagsversorgung ausgerichtet sind [Hervorhebung ergänzt]" (Max 2024b, S. 24) hilfreich. Vielleicht zeigen ja einige ihrer erdachten Beispiele, dass ein System bei bestimmten Störungen seine Funktion noch erfüllt und bei anderen Störungen nicht mehr. Oder, ein System überdauert bzw. überlebt einige Störungen, andere aber nicht; und vielleicht lernt ein System auch aus einer Störung. Die nachfolgenden Verortungen, die insgesamt eine **weitere einführende Orientierung mit Blick auf Resilienz** als Erkenntnis- und Handlungsfeld bieten, können Bezüge zu ihren eigenen Beispielen aufweisen oder auch einfach den Blick rund um Resilienz weiten:

> „Vielmehr hat **Resilienz** im Sinne der **Fähigkeit, Krisen zu antizipieren und sich auf sie vorzubereiten, sie zu bewältigen und gestärkt aus ihnen hervorzugehen,** als Leitbegriff an Bedeutung gewonnen [zweite Hervorhebung ergänzt]" (Wissenschaftsrat 2021, S. 65). „Resilienz einer Gesellschaft meint die Fähigkeit, auf **unerwartete Krisen und Schocks** nicht nur **reagieren,** sondern sich **aktiv anpassen** und sich entsprechend **verändern** zu können, um die eigene **Handlungs- und Funktionsfähigkeit zu erhalten und weiterzuentwickeln** [Hervorhebungen ergänzt]" (Wissenschaftsrat 2025, S. 15).

> „Resilienz als **ganzheitliches Konzept zur Minimierung schädlicher Auswirkungen widriger Ereignisse auf unsere Gesellschaft** anwenden. So kann es gelingen, die **Funktions-, Anpassungs-, Widerstands- und Lernfähigkeit komplexer Systeme** angesichts externer oder interner Schocks nachhaltig zu erhöhen. Dazu müssen **geeignete und korrespondierende Maßnahmen technologischer, gesellschaftlicher und ökonomischer Art erforscht, entwickelt, ergriffen und integrativ miteinander kombiniert** werden. [Hervorhebungen ergänzt]" (acatech 2014, S. 7).

> „Angesichts begrenzter Ressourcen zur Resilienzbildung und einer genuin unbekannten Zukunft kann es daher keine absolute Resilienz geben. [...] Wie ein **angemessenes Maß an gesellschaftlicher Resilienz** schließlich erreicht werden kann, bleibt [...] **Gegenstand lebhafter Debatten** – sowohl in der **Wissenschaft** als auch in der **Praxis**. [Hervorhebungen ergänzt]" (Krüger 2024, S. 322).

> „**Resilience is the ability of individuals, households, communities, cities, institutions, systems and societies to prevent, resist, absorb, adapt, respond and recover**

positively, efficiently and effectively when faced with a wide range of risks, while maintaining an acceptable level of functioning without compromising long-term prospects for sustainable development, peace and security, human rights and well-being for all" (United Nations 2020, S. 11).

„Resilience has been **theorised in a variety of different and sometimes conflicting ways,** but broadly refers to the **capacity of a system to handle disruptions, failures and surprises in ways that avoid total system collapse** – and may lead to **adaptation** and **improvement** [Hervorhebungen ergänzt]" (Macrae 2019, S. 15).

„The common use of the resilience concept relates to the **ability of an entity, individuals, community, or system to return to normal condition or functioning** after the **occurrence of an event that disturbs its state** [Hervorhebungen ergänzt]" (Wiig und Fahlbruch 2019, S. 1).

„Keeping the Earth system in a stable and resilient state, to safeguard Earth's life support systems while ensuring that Earth's benefits, risks, and related responsibilities are equitably shared, **constitutes the grand challenge for human development in the Anthropocene** [Hervorhebungen ergänzt]" (Rockström et al. 2021, S. 1).

Hierin findet sich ein *akzeptables Niveau des Funktionierens* unter der Maßgabe *langfristiger Aussichten mit Blick auf Nachhaltigkeit, Frieden, Sicherheit, Menschenrechten und Wohlstand* angesprochen und mit Resilienz kann somit eine **funktionserhaltende Forderung** verbunden sein – und dies mit „an acceptable level of functioning" (United Nations 2020, S. 11) auf akzeptablem Niveau – sowie der Bezug auf bestimmte **Kausal- und Wertvorstellungen**.

▶ **Tipp** Hier https://ediss.sub.uni-hamburg.de/handle/ediss/1231 und als Dokument hier https://d-nb.info/978451791/34 (beide abgerufen am 10.08.2025) kann im Kontext von Zielen bei Deckert (2006) verbunden mit Luhmann (1968) einführend zu **Kausal- und Wertvorstellungen** nachgelesen werden; ebenso wie zu weiteren Gedanken rund um Ziele, die je nach Kontext gegebenenfalls auch mit Blick auf Resilienz dort bedeutsam sein können, wo Steuerung auf Ziele hin relevant ist. Zur Diskussion von Resilienz als Ziel kann beispielsweise mit Wink (2016, S. 3 ff.) begonnen werden.

Folgt man Brinkmann et al. (2017, S. 13) zu ökonomischer Resilienz, kann „nicht ausgeschlossen werden, dass Anpassungen in der Zielfunktion selbst zu den durch Krisen verursachten Adaptionen gehören"; d. h. dass man sich verbunden mit einer Krise dazu veranlasst sehen kann, mindestens vorübergehend seine Einschätzung rund um Erreichbares anzupassen. Bei McAslan (2010) wiederum wird ein „status quo" wie folgt integriert angesprochen:

> „The threat from **terrorism, natural disasters, health pandemics, attacks on information systems** and **other disruptive challenges** has increased in recent years, and changes to our society have made us feel more isolated and vulnerable. **Resilience provides a positive response to these threats.** It suggests an **ability to cope in the face of adversity,** and the **ability to recover and return to the status quo,** or even to **be stronger as a result of the experience** [Hervorhebungen ergänzt]" (McAslan 2010, S. 10 f.).

Für ökonomische Systeme weisen Brinkmann et al. (2017, S. 12) darauf hin, dass als Rückkehr zum „Normalzustand" allenfalls die „Rückkehr zu einem Entwicklungs- und Wachstumspfad von vor der Krise als Referenzmaßstab in Betracht" kommt; die Frage, was den Zustand eines Systems vor und eine bestimmte Zeit nach der Krise im Einzelnen ausmacht, kann wesentlich sein.

Einführende Hinweise in Richtung Ursprung und in Richtung Technik
Dem lateinischen Verb *resilire* – vgl. https://de.langenscheidt.com/latein-deutsch/resilire (abgerufen am 21.09.2025) zur deutschen Übersetzung: „zurückspringen", „abprallen", „Abstand nehmen" und „zusammenschrumpfen" – wird die Herkunft des Begriffs resilience zugeschrieben, der – zurückreichend auf Ansätze auch in der materialwissenschaftlichen Geschichte – bis heute als „*modulus of resilience*" Anwendung in den Ingenieurwissenschaften findet (McAslan 2010). Hierunter wird verstanden: „*the maximum strain energy density that can be stored in an elastically deformed solid* [Hervorhebung ergänzt]" (Li et al. 2023), womit eine maximale Energiedichte angesprochen ist, der ein bestimmter Körper ausgesetzt werden kann, sodass dieser sich nicht bleibend (unelastisch) verformt. Hier bereits ist Resilienz mit dem Gedanken verbunden, einen ursprünglichen Zustand wieder zu erreichen.

▶ **Tipp** Zu **ausgewählten Stationen der historischen Entwicklung** – betreffend insbesondere eine frühe Technikperspektive – kann beispielsweise beginnend bei McAslan (2010) und bei Hellige (2018) nachgelesen werden.

Einführende Hinweise aus dem Kontext sozial-ökologischer Systeme
An dieser Stelle soll die Forschung von und rund um C. S. Holling beginnend mit folgendem Zitat aus seiner *Journey of Discovery* gewürdigt werden, wobei

folgendes Verständnis auf einem langen Weg in gewisser Weise an die oben aufgezeigte Verortung zu „modulus of resilience" im Technik-Kontext anschließt:

> „Hence the useful measure of resilience was the size of stability domains, or, more meaningfully, **the amount of disturbance a system can take before its controls shift to another set of variables and relationships that dominate another stability region** [Hervorhebung ergänzt]" (Holling 2006, S. 6).

Ebenso sei folgendes, aktuelles Verständnis zu „resilience" für sozialökologische Systeme seitens der Organisation *Resilience Alliance* benannt:

> „**Resilience** is the **capacity of a social-ecological system** to **absorb or withstand perturbations and other stressors** such that the system remains within the same regime, **essentially maintaining its structure and functions**. It describes the degree to which the system is capable of **self-organization, learning** and **adaptation** [Hervorhebungen ergänzt]" (https://www.resalliance.org/resilience, abgerufen am 26.09.2025, und dort mit Verweis auf Holling (1973), Gunderson und Holling (2002) sowie Walker et al. (2004)).

Der oder die sich – anhand der aufgezeigten und vieler weiterer möglicher Quellen – vertiefende Leser oder Leserin wird feststellen, dass hier eine große Vielfalt an langjähriger Forschung zum Vorschein kommt; insbesondere auch sozial-ökologische Systeme betreffend.

> ▶ **Tipp** Besteht ausgewiesenes Interesse zu **sozial-ökologischen Systemen**, kann **pragmatisch** hier https://www.resalliance.org/files/ResilienceAssessmentV2_2.pdf (abgerufen am 21.09.2025) anhand des hinterlegten Workbooks weitere Annäherung an Resilienz erfolgen. Wer sich weiterführend interessiert, wird an der *Journey of Discovery* von Holling (2006) gegebenenfalls nicht vorbeigehen; neben vielen weiteren möglichen Quellen.

Einführende Hinweise zu einer ganzheitlichen Einordnung als Ausgangspunkt
Die Wandlung der Überlegungen rund um die Begriffs- und Bedeutungskategorie „resilience" ausgehend von einer ursprünglich insbesondere technisch geprägten Verankerung (s. oben) findet sich zusammenfassend wie folgt recht trefflich charakterisiert:

> „After several transfers between the disciplines of **physics, applied mechanics** and **materials sciences** as well as **physiology, psychology, biology** and **ecology**, the

centuries-old notion of resilience has developed over **the last few decades** into a **multidisciplinary universal concept with paradigmatic aspirations** [Hervorhebungen ergänzt]" (Hellige 2018, S. 3).

Wie auch die folgende zusammenfassende Einordnung einmal mehr zum Ausdruck bringt

„Despite its popularity, there are **widely differing views on the meaning and utility of resilience.** The term is applied to **materials, ecosystems, individuals, communities, organisations** and **nations,** and there are **wide differences in the way the concept is interpreted** across the social science disciplines." (McAslan 2010, S. 11).

zeigt sich eine große Vielfalt an Bereichen, für die Resilienz in Wissenschaft und Praxis diskutiert wird. Mit dem ersten Kapitel – das gegebenenfalls für praktisch Interessierte eher theoretisch und für theoretisch Interessierte eher pragmatisch anmuten kann – sollte aus mehreren Perspektiven **erste Orientierung** erlangt werden können; als eine Basis für die weitere Befassung mit den nachfolgenden Kapiteln. Insbesondere für diejenigen, die **die eigene Resilienz verbessern wollen,** kann es je nach Situation nützlich sein, **Krisen – wenn immer möglich – auch ein Stück weit als Chance zu verstehen.** Resilienz wird – als Phänomen mit einer gewissen subjektiven Verankerung (Fooken 2016) – letztlich umfänglich erst eng verbunden mit mehr oder weniger manifesten „Störungen" (vgl. den Beginn des Kapitels) wie beispielsweise realem Katastrophen- und Krisengeschehen tatsächlich erfahrbar. Bei der **individuellen Resilienz** anzusetzen kann auch insoweit besonders wichtig sein und werden, als dass – hier Gilan und Helmreich (2024a, S. 79) folgend – in individueller Resilienz eine bedeutsame Grundlage für **kollektive Resilienz** liegen kann; als aus Sicht von Gilan und Helmreich (2024a, S. 77) „junges und immer noch wenig beforschtes Konzept". Dies soll hier als Einführung in ein komplexes Gebiet genügen und die nachfolgenden Kapitel verdeutlichen vor diesem Hintergrund insgesamt die Bedeutung einer – mit Wechselwirkungen versehenen – **Resilienz von Mensch, Organisation und Gesellschaft** für die **Sicherung unseres Leben in Wohl, Würde, Frieden und Freiheit.**

▶   **Tipp** Für eine weiter vertiefende Befassung mit Resilienz aus einer vornehmlich **individuellen Perspektive** verankert in Wissenschaft kann beispielsweise mit Gilan et al. (2024b) begonnen werden (vgl. Quellenangaben zum Ende des *essentials*). Es finden sich hier spannende Zusammenhänge wie

„[...] auf der **körperlichen Ebene** [...] auf der **Gefühlsebene** [...] auf der **gedanklichen Ebene** [...] auf der **Verhaltensebene** [...]. Auf allen vier Ebenen kann man ansetzen, um das Stressniveau zu reduzieren [Hervorhebungen ergänzt]" (Gilan et al. 2024b).

Weitere Informationen finden sich beispielsweise auch seitens des **Leibniz-Instituts für Resilienzforschung** (https://lir-mainz.de/); insbesondere zu deutsch- und englischsprachigen Veröffentlichungen hier https://lir-mainz.de/deutsche-publikationen und hier https://lir-mainz.de/english-publications sowie Selbsthilfeliteratur hier https://lir-mainz.de/en/selbsthilfeliteratur (alle abgerufen am 14.02.2026). Unter folgendem Link https://www.youtube.com/watch?v=ZhfIM0MIDvo (abgerufen am 20.07.2025) findet sich aus dem **Fraunhofer-Institut für System- und Innovationsforschung ISI** heraus ein Video mit Florian Roth zu einigen Grundlagen betreffend Resilienz; insbesondere zu *bounce back* und *bounce forward*.

Annäherungen aus unterschiedlichen Blickwinkeln 2

„Und wenn wir später einmal sagen:
Nichts war so vergänglich wie das, was wir für selbstverständlich hielten."

Aus unterschiedlichen Blickwinkeln kommt einiges Wertvolle zum Erkenntnis- und Handlungsfeld Resilienz zusammen und es entsteht auf diese Weise Orientierungswissen mit dem Potenzial, zu persönlicher und gemeinschaftlicher Resilien beizutragen.

2.1   Natürliche Rahmenbedingungen

Eine vielfältige Natur bietet Menschen Lebensräume mit für ihr Leben **erforderlichen Rahmenbedingungen** und **vielfältigen Ressourcen** – wie beispielsweise Luft, Wasser, Nahrung, Energie sowie verschiedenste Elemente, Stoffe und Materialien für Medizin, Kleidung, Behausung, Werkzeuge und Infrastruktur –; vor allem auch als **(1) örtlich und zeitlich verteilte Grundlage für ein Leben in Wohl und Würde.** Insbesondere **(2) rund um Kontrolle von Ressourcen können sich Konflikte zwischen Menschen entfachen,** deren Auswirkungen unsere Resilienz herausfordern. Zudem bietet das Leben in unserer natürlichen Umgebung – die vielfach und in vielfältiger Weise durch uns Menschen beeinflusst ist – Risiken an **(3) Naturkatastrophen,** die uns Resilienz abfordern. Eine sich **verringernde Biodiversität** in der natürlichen Umwelt kann **(4) die Handlungsspielräume von Menschen im Angesicht einer unsicheren Zukunft verkleinern:**

© Der/die Autor(en), exklusiv lizenziert an Springer Fachmedien Wiesbaden GmbH, ein Teil von Springer Nature 2026
R. Deckert, *Resilienz von Mensch, Organisation und Gesellschaft,*
essentials, https://doi.org/10.1007/978-3-658-50948-4_2

„The **diversity of nature maintains humanity's ability to choose alternatives** in the face of an uncertain future [Hervorhebung ergänzt]" (IPBES 2019, S. 10).

Nicht unerwähnt bleiben soll, dass unsere natürliche Umgebung ein weites Feld für **menschliche Höchstleistungen** (bspw. Gipfelbesteigungen) und **Erkenntnisse** bietet, für deren **Entdeckung** Menschen – insbesondere ihrer Neugier folgend – **(5) mitunter viel auf sich genommen haben** (bspw. Entdeckung von Kontinenten); auch hier besteht Verbindung zu Resilienz. Zudem bietet die **(6) sinnhafte Nutzung von Informationen über unseren planetaren Lebensraum** Bezüge zu Resilienz; insbesondere betreffend die Frage, wie Menschen und die Menschheit global mit Wissen über Ausprägungen und Auswirkungen beispielsweise des Klimawandels oder einer sich verringernden Biodiversität umgehen. Ein **(7) Leben näher an und mit hoher Wertschätzung für Natur** kann je nach Situation Potenziale dafür bieten, dass Menschen insgesamt anders mit dem Planeten umgehen, und vielleicht bietet gerade auch **(8) ein Leben in stärkerer Betonung von Gemeinschaft (insbesondere auch vor Ort in der Region)** die Möglichkeit, dass wir stärker verbunden mit unserer eigenen „Natur als Mensch" leben; nicht zuletzt ist von unserer Geburt an **soziale Interaktion essenziell für unser Lernen** (Meltzoff et al. 2009), um in dieser Welt als Lebewesen insgesamt bestehen zu können. Bereits mit diesen Überlegungen deutet sich an, dass die **Phänomenologie rund um die Begriffs- und Bedeutungskategorie Resilienz vielfältig und sehr nahbar mit unseren Lebensgrundlagen verbunden** sein kann und dass es damit vor allem auch um sehr Grundlegendes geht. Dies insgesamt soll für den vorliegenden Abschnitt an dieser Stelle genügen, gleichwohl mit unserer natürlichen Umgebung insgesamt **vielfältige, komplexe und spannende Zusammenhänge und Entwicklungen** verbunden sind, die es durchaus Wert wären, hier weiterführend aufgegriffen zu werden.

▶ **Tipp** Hier https://www.weforum.org/agenda/2022/01/wisdom-indigenous-leaders-world-2022-climate-change/ (abgerufen am 03.10.2025) kann über „**10 pieces of wisdom for 2022 from indigenous leaders around the world**" nachgelesen werden. Der 9. August 2025 war **International Day of the World's Indigenous People** und insbesondere hier https://trello.com/b/3tKwi0LM/united-nations-and-indigenous-peoples-outreach-material-from-across-the-un (beide abgerufen am 03.10.2025) können sich spannende Beiträge finden. Zudem sind hier https://www.unesco.org/en/decades/indigenous-languages (abgerufen am 03.10.2025) Informationen zur **International Decade of Indigenous Languages** (IDIL 2022–2032) erhältlich.

2.2   Ausgewählte Mechanismen zu Resilienz und Bedeutung für die freie Gesellschaft

An dieser Stelle sollen – ausgehend von einem gewissen gemeinsamen „Kern in der Verwendung des Begriffs „Resilienz" in unterschiedlichsten Kontexten in einem Bezug auf den erfolgreichen Umgang mit einer Störung (einem „Schock", widrigen Umständen)" (Wink 2016, S. 1) – einführend **Anpassungsfähigkeiten** und **Möglichkeiten zur Verringerung der Verletzlichkeit** benannt sein (Wink 2016). McAslan (2010, S. 11) stellt aus seiner Perspektive eine Reihe gemeinsamer Merkmale – „a number of common characteristics" – fest (McAslan 2010, S. 11):

- **„ability to absorb and then recover from an abnormal event",**
- **„being ready and prepared to face threats and events which are abnormal in terms of their scale, form or timing",**
- **„an ability and willingness to adapt to a changing and sometimes threatening environment",**
- **„a tenacity and commitment to survive"** and
- **„a willingness of communities and organisations to rally round a common cause and a shared set of values"** [Hervorhebungen ergänzt].

Einige grundlegende Erkenntnisse erscheinen in diesem Zusammenhang bedeutsam, die Hellige (2018) in einem Abschnitt rund um Holling's Resilienzkonzept wie folgt anspricht:

> „The reorientation **from predictable to unpredictable system conditions, and from ordinary to extreme disruptive events,** then led to a departure from the previous management goals of stabilization and homogeneity of structures towards the **strengthening of robustness, self-healing powers** and the **readiness for change** in unclear structures. **It was no longer a question of avoiding fluctuation and crises, but, on the contrary, of consciously allowing and using them as factors to increase resilience.** [...] This resulted in the rule that the more homogeneously an environment develops in space and time, the lower the **pressure to adapt,** the **willingness to change** and the **corresponding level of resilience.** [Hervorhebungen ergänzt]" (Hellige 2018, S. 19).

Der Wissenschaftsrat (2021, S. 65) betont, dass „**Resilienz** im Sinne der **Fähigkeit, Krisen zu antizipieren und sich auf sie vorzubereiten, sie zu bewältigen und gestärkt aus ihnen hervorzugehen,** als Leitbegriff an Bedeutung gewonnen [letzte Hervorhebung ergänzt]" hat. Hier wird auf die folgenden, durch die Vereinten Nationen angegebenen fünf Kapazitäten hingewiesen (United Nations 2020):

- **Absorptive** capacity,
- **Adaptive** capacity,
- **Anticipative** capacity,
- **Preventive** capacity und
- **Transformative** capacity.

Für **ländliche Gemeinschaften und Dörfer** sieht Hernández (2021, S. 39) **verbunden mit Resilienz die Chance, zu einem „wirkungsvollen Steuerungsinstrumentarium** [Hervorhebung ergänzt]" zu kommen. Verbunden mit Forschung zu ‚Community Capacity and Resilience in Latin America' betont Gonzales (2021) – im Kontext eines unser Wissen erweiternden Ansatzes – dass die Ideen von Inklusion und Diversität verbunden mit Strategien zu Nachhaltigkeit insbesondere **indigenen Gemeinschaften** dienen können. In einem praktisch orientierten Kontext wird hier https://www.resalliance.org/files/ResilienceAssessmentV2_2.pdf (abgerufen am 19.07.2025) für **sozial-ökologische Systeme** – im Rückgriff auf Gunderson und Holling (2002) – auf Seite 8 und auf Seite 22 ein „**adaptive cycle**" mit den dort nachzulesenden Phasen α, **r**, **K** und Ω beschrieben. Diese finden sich bei Lukesch (2016) – als *Erneuerungsphase*, *Entfaltungsphase*, *Erhaltungsphase* und *Auflösungsphase* – auf wirtschaftliche Systeme adaptiert; in einem Wandlungssyklus, zu dem in diesem Kontext bei Lukesch (2016) auch zur Pathologie rund um *Chaosfalle*, *Armutsfalle*, *Rigiditätsfalle* und *Lock-In Falle* nachgelesen werden kann.

> ▶ **Tipp** Unter folgendem Link https://www.resalliance.org/key-concepts (abgerufen am 04.10.2025) kann bei der ***Resilience Alliance*** einführend rund um „**Social-ecological Systems**", „**Transformation**", „**Resilience**", „**Panarchy**", „**Adaptive Management**", „**Adaptive Cycle**" und „**Adaptive Capacity**" nachgelesen werden, wobei sich dort wie hier der Vortrag „The Nature of Change and the Change of Nature – Obstacles and Opportunities for Building Adaptive Capacity" von Lance Gunderson verlinkt findet: https://www.youtube.com/watch?v=OxEXdkOSvhg (abgerufen am 04.10.2025). In diesem Vortrag weist Lance Gunderson verbunden mit seinem Verweis auf Crawford Stanley „Buzz" Holling auf folgenden Gedanken hin:
>
> „Let's **learn our way into the future** rather than **plan our way into the future** [Hervorhebungen ergänzt]".

Lance Gunderson setzt sich mit diesem Vortrag insbesondere für Integration von Wissenschaft, Management und Politik sowie für Leadership mit Toleranz für Experimente und Fehler ein.

McAslan (2010) verweist zusammenfassend für weitere Quellen – einordnend für die Resilienz von Individuen – auf die Kategorien Resistenz, Resilience, Recovery, Relapsing/remitting, Delayed dysfunction und Chronic Dysfunction, die er jedoch als verbunden mit dem dahinterliegende Verständnis nicht als allseits akzeptiert beschreibt; McAslan (2010) beschreibt hingegen die Resilienz von Individuen betreffend zweierlei als eine Basis, zu der eine gewisse Einigkeit besteht: **(1) resiliente Individuen werden mit der Fähigkeit und dem Willen zur Adaption/ Anpassung in Verbindung gebracht** und **(2) einiges an Funktionsstörungen oder an Leiden ist eine normale Reaktion auf ein abnormales Ereignis; diese sind jedoch vorübergehend und es folgt danach die Rückkehr zur normalen Funktion**. Bei Kalisch (2022) findet sich:

> „Resilienz ist die **Aufrechterhaltung oder schnelle Wiederherstellung der psychischen Gesundheit während und nach Widrigkeiten** [Hevorhebung ergänzt]" (Kalisch 2022, S. 28).

Nach Fooken (2016, S. 15) können „Menschen unter bestimmten Bedingungen **schädigende Lebensumstände, ja selbst existentielle Bedrohungen bewältigen**" und „sich in der Auseinandersetzung mit solchen Widrigkeiten **weiterentwickeln** und sogar **seelisch daran „wachsen"** [Hervorhebung ergänzt]". Nach Gilan et al. (2024b) sind für Resilienz auf einer individuellen Ebene vor allem folgende evidenbasierten Resilienzfaktoren nennenswert:

- **„Aktives Coping"**,
- **„Selbstwirksamkeit"**,
- **„Selbstwertgefühl"**,
- **„Optimismus"**,
- **„Soziale Unterstützung"**,
- **„Kognitive Flexibilität"**,
- **„Positive Emotionen"**,
- **„Hardiness"**,
- **„Kohärenzgefühl"**,
- **„Sinn/Bedeutung im Leben sehen"**,
- **„Religiösität/Spiritualität"** [Hervorhebungen ergänzt].

Nach Gilan und Helmreich (2024a, S. 75) gelten die „Faktoren soziale Unterstützung, Optimismus, Selbstwirksamkeit, kognitive Flexibilität oder aber auch aktives Coping […] dabei als besonders evidenzbasiert und resilienzfördernd", wobei der **Kohärenzsinn** im Rückgriff von Gilan und Helmreich (2024a) auf Antonowsky (1987) als Erleben der Welt in verstehbarer, handhabbarer und sinnhafter Weise „auch immer mehr als ein zentraler und womöglich übergeordneter Resilienzfaktor im Fokus der Forschung" (Gilan und Helmreich 2024a, S. 75) steht.

> „Menschen mit einem **hohen Kohärenzerleben** können **Krisen besser einordnen** und **die negativen Folgen besser abpuffern** [Hervorhebungen ergänzt]" (Gilan und Helmreich 2024a, S. 75).

Auch Fooken (2016) führt im Kontext von Resilienz die Salutogenese von Antonovsky mit Hinweis auf die Dimensionen **Verstehbarkeit**, **Bewältigbarkeit** und **Sinnhaftigkeit** an; inklusive des Hinweises auf bei hoher Plausibilität des Ansatzes bestehenden Einschränkungen.

> ▶ **Tipp** Hier https://www.bug-nrw.de/fileadmin/web/pdf/entwicklung/ Antonowski.pdf (abgerufen am 04.10.2025) kann einführend zu **Salutogenese** und **Kohärenzgefühl** bei BzgA (2001) nachgelesen werden. Es finden sich weiter einführend vielfältige Hinweise beispielsweise bei Wink (2016) – oder hierin speziell bei Fooken (2016) –, die neben anderen Quellen für eine weiterführende Befassung mit Resilienz dienlich sein können. Zudem kann zu **Resilienzfaktoren** beispielsweise auch bei Schäfer et al. (2024) hier https://doi.org/10.1038/s44271-024-00138-w (abgerufen am 04.10.2025) nachgelesen werden.

An dieser Stelle sei für diesen Abschnitt abschließend auf folgende Gedanken hingewiesen:

> „[…] Resilienz, worunter in der Psychologie die Fähigkeit verstanden wird, die **psychische Stabilität** mithilfe des eigenen seelischen Immunsystems **trotz belastender Lebensereignisse beizubehalten** oder nach kurzer Zeit **wiederzuerlangen**. Es geht darum, die **Freiheit zu entwickeln, durch Selbsterkenntnis sein Leben selbstwirksam mitzugestalten** und **Schöpfer seines eigenen Lebens** zu werden [Hervorhebungen ergänzt]" Gilan et al. (2024b, S. 12).

Ausgehend von dem hierin zum Ausdruck kommenden Gedanken rund um **persönliche Freiheit und Entfaltung** kann Resilienz durchaus auch als verbunden mit Grundlagen dafür verstanden werden, **die freiheitlich-demokratische Grundordnung (FDGO)** – und insbesondere die „freie Entfaltung seiner Persönlichkeit" nach Artikel 2 des Grundgesetzes – ausleben zu können. Hier liegt die Frage nahe, **inwieweit eine freie Gesellschaft** – wie diese mit dem Grundgesetz in Deutschland verbunden mit Demokratie und Rechtstaatlichkeit verankert ist – **ohne ein gewisses Mindestmaß an Resilienz der Menschen je nach Situation tatsächlich gelebt bzw. ausgelebt werden kann.** Es ist einmal mehr auch im Zusammenhang mit Überlegungen wie diesen alle Mühen Wert, dass Menschen in Ihrer individuellen Resilienz gestärkt werden.

> ▶ **Tipp** Hier https://www.bpb.de/shop/zeitschriften/apuz/demokratie-in-gefahr-2024/549906/wie-resilient-ist-unsere-demokratie/ (abgerufen am 04.10.2025) kann bei Merkel (2024) der Beitrag „**Wie resilient ist unsere Demokratie?**" eingesehen werden. Bei Abels et al. (2024) findet sich hier unter diesem Link https://doi.org/10.1017/bpp.2024.43 eine **Analyse rund um die Gefahr des Verfalls demokratischer Gesellschaften**; verbunden mit dem (1) Bestreben politischer Eliten Normen zu verletzen und (2) dem Ablauf eines unvorhersagbaren und nicht-linearen Prozesses inklusive Interaktion von politischen Eliten und Öffentlichkeit.

2.3   Frieden, Sicherheit und Menschenrechte

Die **freie Gesellschaft** und der Schutz von **Menschenrechten** kann von Innen und von Außen in Gefahr geraten; letzteres insbesondere verbunden damit, dass **Frieden** und **Sicherheit** gefährdet oder nicht gegeben sind. Um die Gesellschaft hier zu schützen, sind vorausschauend vielfältige Überlegungen verbunden auch mit dem Zusammendenken von zivil und militärisch geprägten Ressourcen, Strukturen und Wirkungszusammenhängen (Stahlhut und Lammert 2022) notwendig. Voss (2021, S. 50 ff.) folgend reicht die Sichtweise von **Verteidigung als mehr politische** (denn mehr militärische) **Kategorie** verbunden mit einem Überlapp von zivilem und militärischem Anteil bis mindestens in die erste Hälfte des letzten Jahrhunderts zurück und die Diskussion führt nach Voss (2021) mit Rückgriff auf Major und Mölling (2015) – neben **systemischen Vulnerabilitäten** – bis hin zur **Koordinierung der Zusammmenhänge von Abschreckung, Resilienz und Verteidigung.** Die letzteren drei diskutieren Major und Mölling (2015) als drei Leitmotive verbunden mit **hybrider Sicherheitspolitik** und sie resümieren wie folgt:

> „Sicherheit bleibt die Summe von **Verteidigung** und **Entspannung.** Daher reicht es nicht, die **Verwundbarkeiten** der EU- und Nato-Staaten **abzubauen.** Ebenso bedarf es ständiger **Dialogangebote und vertrauensbildender Maßnahmen,** die zur

Deeskalation beitragen und einen Weg zu kooperativer Gestaltung der künftigen Sicherheitsordnung eröffnen [Hervorhebungen ergänzt]" (Major und Mölling 2015, S. 4).

Je nach Situation sind für Sicherheit somit **Dialog** – der wirksam nur beidseitig möglich ist – bei **Entspannung** auf der einen sowie stets auch die – hoffentlich nicht tatsächlich einzusetzende – **Fähigkeit zur Verteidigung** auf der anderen Seite erforderlich. In Deutschland ist die Verbindung von **Zivilgesellschaft** und **Bundeswehr** ganz grundsätzlich dadurch geprägt, dass Soldatinnen und Soldaten „**Staatbürger in Uniform**" sind – ausgestattet mit Rechten gemäß Grundgesetz und den Menschenrechten verpflichtet – und das **Parlament entscheidend eingebunden** ist. Vor diesem generellen Hintergrund findet folgendes Grundverständnis zur Resilienz bereits im Jahre 2016 im Weißbuch zur Sicherheitspolitik und zur Zukunft der Bundeswehr einen Raum:

> „Grundlegende Voraussetzung für die eigene Reaktions- und Handlungsfähigkeit ist daher ein funktionierendes Frühwarnsystem. Dieses muss auf einem präzisen und flexiblen Indikatorenset sowie umfassend ausgeprägter Analysefähigkeit beruhen. **Erfolgreiche Prävention gegen hybride Gefährdungen erfordert staatliche und gesamtgesellschaftliche Resilienz** – und damit umfassende Verteidigungsfähigkeit [Hervorhebung ergänzt]" (Die Bundesregierung 2016, S. 39).

Auch hier spiegelt sich **Resilienz als verbindend in der Gemeinschaft zu erreichen** wieder; und dies ist letztendlich verknüpft mit den grundgesetzlich verankerten Regelungen vor allem rund um **Systeme kollektiver Sicherheit, Fähigkeiten zur Verteidigung, äußere und innere Notstände** sowie **Katastrophennotstände**.

▶ **Tipp** Ein möglicher Einstieg zu **integrierter nationaler bzw. gesamtstaatlicher Resilienz** ist hier https://www.bundeswehr.de/resource/blob/5961228/28fddb5850b06ba101ca692972b1f8f2/broschuere-pdf-lgan-25-ergebnispraesentation-data.pdf (abgerufen am 04.10.2025) bei FüAkBw (2025) zu finden; hier verbunden mit dem Kontext von Fähigkeiten zur Gesamtverteidigung als gemeinsame Aufgabe für die Gesellschaft insgesamt. Und, es besteht **Handlungsbedarf zur Resilienz in der Gesellschaft**, wenn man beispielsweise Carlo Masala hier https://www.youtube.com/watch?v=aZFxoe_BWaY (abgerufen am 04.10.2025) ab Minute 23:33 folgt mit: „Und das zweite ist, wo wir noch nicht so weit sind, das muss man ganz einfach sagen, ist Resilienz in der Gesellschaft zu schaffen".

Nach McAslan (2010) mit Rückgriff auf das Royal United Services Institute (RUSI) sind einige Bereiche für beides – Sicherheit und Resilienz – von Interesse wie **kritische Infrastruktur, chemische und biologische Bedrohungen, Transportsicherheit, Geheimdienste** und **Terrorismusbekämpfung** sowie **Grenzsicherung** und **Immigration**. Sicherheit und Resilienz lassen sich auch abgrenzen: Während Sicherheit nach McAslan (2010) insbesondere die Abwehr von Bedrohungen durch Kräfte anderer Länder mit der Intention der Destabilisierung umfasst, wird für **Resilienz** festgestellt:

> „In contrast, **resilience involves an ongoing process** of **assessing** a broad range of risks and threats, **preparing** to face such threats, **accepting that some threats will become disruptive events, reducing the impact of events** when they occur, and the **recovering** afterwards. [...] Resilience **also requires an understanding of the needs and expectations of society**, and how these needs and expectations are developing over time [Hervorhebung ergänzt]" (McAslan 2010, S. 8 f.).

Ein **Leben in Frieden und Sicherheit** kann – wie die Geschichte und auch die Gegenwart lehren – **nicht als unter allen Umständen selbstverständlich** gelten und ist zugleich **Grundvorausetzung für ein Leben in Wohl und Würde**; die Sicherstellung von Wohlstand und Würde setzt zu einem gewissem Mindestmaß stabile Verhältnisse insgesamt voraus. Für die allein zur Abschreckung des Falls der Fälle notwendige Gesamtverteidigungsfähigkeit ist das NATO-Bündnis wichtig (FüAkBw 2025), wobei nach Voss (2021) gilt: „ [...] NATO's best defence is its very existence. [...] As long as NATO stands together, the Allies are safe" (Voss 2021, S. 94). Hiermit wird die Bedeutung der internationalen Perspektive betont.

McAslan (2010) folgend ist im Kontext von nationaler Sicherheit und Resilienz, **nationale Resilienz** nicht als selbstverständlich anzusehen und Gesellschaften werden anfälliger; bei Auswirkungen festzustellen von Finanzbedarfen bis hin zum Leben von Familien und Gemeinschaften. Auch hiermit wird einmal mehr klar, dass **(1) Resilienz für verschiedene Bereiche integriert betrachtet werden muss**, sowie zugleich, dass **jede und jeder in Zeiten nicht geringen Krisen- und Katastrophengeschehens gut daran tut, konsequent großen Wert auf ihre und seine individuelle Resilienz zu legen**; denn: Es kann nicht für jede denkbare Lage davon ausgegangen werden, dass Auswirkungen von **Krisen- und Katastrophengeschehen** sämtlich durch die Gesellschaft abgefedert werden können, sodass **Menschen dann (2) auf die eigene persönliche Resilienz und auf (3) gegenseitige Unterstützung in der nahen Umgebung und darüber hinaus angewiesen sein können.**

2.4   Resilienz und Gemeinschaften

Vor dem Hintegrund einer nach Hernández (2021, S. 3) tiefen „Krise der Menschheit" betreffend Wirtschaft, Unwettereignisse, Biodiversitätsverlust, Klimawandel, soziale Ungleichheit und Legitimationskrise der Demokratie verortet Hernández (2021, S. 3) „ländliche Räume und Dörfer in großen Teilen des kollektiven Bewusstseins als **Zufluchtsorte der Ruhe, Kontinuität oder Stabilität** [Hervorhebung ergänzt]", wobei diese „ebenfalls **andauernden und mitunter auch bedrohlichen Veränderungsprozessen** [Hervorhebung ergänzt]" verbunden mit weiten Entfernungen von „Dienstleistungen, Märkten, Entscheidungsträgern und -prozessen, Informationen und Wissen" sowie Abwärtsspiralen inklusive des Rückgangs der Bevölkerung unterliegen und mitunter ein „unbehagliches Zukunftsszenario" deutlich wird (Hernández 2021, S. 3). Vor diesem Hintergrund kommt Resilienz verknüpft mit **Analyse- und Handlungsinstrumentarien** in den Blick (Hernández 2021), wobei die Resilienz von Gemeinschaften nach McAslan (2010) mit **komplexen Prozessen** und einer **Interaktion von Individuen, Familien, Gruppen und Umwelt** verbunden ist. Der Einbezug bzw. die Reduktion von „**Vulnerabilitäten**" ist dabei eine Perspektive (McAslan 2010; Hernández 2021); insbesondere betreffend die Nähe zu Gefahren in Küstennähe, Überschwemmungs- und Erdbebengebieten sowie leicht entflammbare Wälder, industrielle Kontamination oder explosive Restbestände aus Kriegen wie beispielsweise Mienen, wobei keine ausreichend hochwertige Gebäudeinfrastruktur, marode öffentliche Infrastruktur, Bevölkerungs-/Bebauungsdichte, regionale Wirtschaftskraft sowie demografische und soziale Charakteristiken wie Ungleichheiten ebenfalls relevant sein können (McAslan 2010). Die **Resilienz von Gemeinschaften** trägt vielfältige Perspektiven in sich wie nach Hernández (2021, S. 405) beispielsweise

- **„Daseinsvorsorge und Grundinfrastruktur** ",
- **„Diversität und Integration** ",
- **„soziale Beziehungen und Netzwerke**",
- **„Lernen und Selbstreflektion**",
- **„Werthaltungen, Einstellungen und Überzeugungen**",
- **„Gemeinschaftliches Handeln und Entscheiden**",
- **„Schlüsselpersonen und -organisationen**" sowie
- **„Wohlbefinden von Menschen, Umwelt und Wirtschaft**" [Hervorhebungen ergänzt],

oder weitere Konzeptionalisierungen wie beispielsweise bei Lukesch (2016) nachzulesen dort insbesondere die folgenden drei Prinzipien für die Steuerung regionaler

Resilienz: *Diversität, Modularität* und *Reflexivität*. Von Bedeutung sind McAslan (2010) folgend **soziale Interaktion und kollektives Handeln** basierend auf Netzwerken bzw. Verbindungen von Menschen sowie Gegenseitigkeit, Vertrauen und soziale Normen. Zudem nimmt in der Diskussion die Begriffs- und Bedeutungskategorie „Kapital" – „capital" (McAslan 2010; Lachapelle et al. 2021b) – Raum ein; insbesondere in Form des „community capitals framework", wobei sich beispielsweise bei Lachapelle, Gutierrez-Montes und Butler Flora (2021b, S. 3 ff.) folgende sieben Merkmale **„Cultural Capital", „Human Capital", „Social Capital", „Political Capital", „Built Capital", „Financial Capital"** und **„Natural Capital"** im dortigen Kontext diskutiert finden. Es kann durchaus auch eine kontroverse Diskussion festzustellen sein, die beispielsweise bei McAslan (2010) angesprochen wird. Auch Hernández (2021, S. 37) stellt fest, dass „Resilienz, unabhängig von Disziplin oder des Wissensbereiches, wo sie Anwendung findet, umstritten ist". Gleichwohl besteht nach Hernández (2021, S. 39) „die **Chance, durch eine sozialraumsensible, praxistaugliche und wissenschaftlich fundierte Konzeptualisierung von Resilienz, die ländlichen Gemeinschaften und Dörfer mit einem wirkungsvollen Steuerungsinstrumentarium für ihre eigene Entwicklung zu versehen** [Hervorhebung ergänzt]". Eine weiterführende Diskussion rund um Resilienz auf kollektiver Ebene, wie sich diese beispielsweise bei Gilan und Helmreich (2024a) und anderen findet, soll hier nicht erfolgen und muss an dieser Stelle dem weiterführenden Studium des Lesers überlassen bleiben.

2.5   Resilienz und Unternehmen bzw. Organisationen

Auch Resilienz betreffend Unternehmen bzw. Organisationen ist heute ein vielschichtiges Erkenntnis- und Handlungsfeld, für das hier mit dem nachfolgenden Tipp ein praxisbezogener Einstieg gewählt wird.

▶   **Tipp** Hier https://www.mckinsey.com/featured-insights/mckinsey-explainers/what-is-resilience (abgerufen am 19.07.2025) kann zu Resilience im Unternehmenskontext ein erster einführender Einblick gewonnen werden. Zudem finden sich auch im McKinsey Quarterly #3 2025 „Our FUTURE on the PLANET" vielfältige Bezüge zu Resilienz.

Es bietet sich an, Resilienz im **Unternehmensbereich** von dem Wirkverbund aus zu denken, in den sich Unternehmen – ihre wirtschaftlichen Aktivitäten betreffend – integriert finden: Hier setzt die Resilienz in Supply Chains (Huth 2025; Wieland und Durach 2021) an. Bei Wieland und Durach (2021, S. 315) findet sich begrifflich abgrenzend zu den zwei Perspektiven „engineering resilience" und „social-ecological resilience"

> „This essay sets out to further our theoretical knowledge of what resilience means (or means to others) by disentangling **two prominent perspectives of resilience—engineering resilience** and **social-ecological resilience**—and offering an updated definition of **supply chain resilience** [Hervorhebungen ergänzt]" (Wieland und Durach 2021, S. 315).

für „supply chain resilience" die folgende Definition:

> „**Supply chain resilience** is the **capacity of a supply chain** to **persist**, **adapt**, or **transform** in the face of change. [Hervorhebungen ergänzt]" (Wieland und Durach 2021, S. 316).

Nach Huth (2025, S. 99) ist Resilienz „keine Management-Disziplin, sondern ein Konzept im Rahmen des Risikomanagements" und Huth (2025) bietet einen „Werkzeugkoffer" an, „der sich zum Aufbau und zur Erhöhung von **Resilienz in Lieferketten** einsetzen lässt [Hervorhebung ergänzt]" (Huth 2025, S. 151) und der insbesondere **Phasen der Resilienz, Gestaltungsfelder, Erfolgsfaktoren** und **Maßnahmen** umfasst (Huth 2025). Neben Supply Chains findet Resilienz betreffend Unternehmen insbesondere auch Bezüge zu **Wirtschaftspolitik** (Brinkmann et al. 2017), **Führung** (Niehaus 2025), **strategische und operative Pläne mit Blick auf Risiken, Kontinuität, Sicherheit, Notfälle und Krisen** (McAslan 2010) bzw. **Zivil-/Katastrophenschutz** und **Notfall-/Krisenübungen** (Daus et al. 2014), **Standards für Resilienz** (McAslan 2010; Daus et al. 2014), **Regulatorik** (Daus et al. 2014), **Business Continuity Management** (Daus et al. 2014), **Risikomanagement** (Daus et al. 2014; Huth 2025), **Monitoring/Frühwarnung** (Daus et al. 2014) und **Cyber-Risiken** (Daus et al. 2014). Daus et al. (2014) geben ihren Überlegungen vorausgehend folgende Einordnung:

> *„Resilienz ist die Fähigkeit eines Unternehmens, Risiken mit existenzbedrohender Auswirkung durch eine gute Vorbereitung (Prävention) und eine unmittelbare Steuerung im Eintrittsfall (Reaktion) zu vermeiden oder abzumildern. Somit wird Resilienz definiert als „**Widerstandsfähigkeit** eines Unternehmens, um dessen **Fortbestand** sicherzustellen" [Hervorhebungen ergänzt]"* (Daus et al. 2014, S. 97).

Unternehmen und Organisationen haben zudem Einfluss auf Resilienz in der Gesellschaft, in dem diese als Arbeitgeber Menschen, die entgeltlich für sie arbeiten, eine **finanzielle Grundlage** zum Beispiel zur **Verwirklichung eines Lebens in Wohl und Würde** ermöglichen. Darüber hinaus haben Organisationen wie die Feuerwehr, die Polizei, die Bundeswehr, das Technische Hilfswerk (THW) oder das Deutsche Rote Kreuz (DRK) jeweils **besondere Funktionen und Aufgaben im Rahmen gesamtstaatlicher Resilienz und Sicherheitsvorsorge**; wobei hierzu weitere Behörden und Unternehmen je nach Bereich (Verkehr, Energie, Lebensmittel, Gesundheit, Versicherungen, Rüstung, etc.) beitragen. **Einsatzorganisationen** sind in hochkomplexen Wirkungsfeldern tätig und dabei „in doppelter Weise mit Ungewissheit, Uneindeutigkeit, Volatilität und Komplexität konfrontiert" (Scherrer 2020, S. 81); betreffend ihr Tätigkeitsfeld und aus der „globalen Umbruchsituation des beginnenden 21. Jahrhunderts, sprich aus den gesellschaftlichen, ökologischen, ökonomischen, kulturellen und politischen Rahmenbedingungen" heraus (Scherrer 2020, S. 81).

▶   **Tipp** Bei Scherrer (2020) lässt sich insbesondere – verbunden mit Anspüchen von Einsatzkräften in den Feldern **Individualresilienz, Informations- und Wissensmanagement, Simulationsübungen** und **interorganisationale Zusammenarbeit** – zur Diskussion vor allem die Abgrenzung von **organisationaler Resilienz** und **Antifragilität** betreffend einführend nachlesen; auch relativ zu **Robustheit**. Zu **gesamtstaatlicher Sicherheitsvorsorge** kann bei Stahlhut und Lammert (2022) und zu **resilienten Infrastrukturen** bei Max (2024a) einführend nachgelesen werden.

2.6   Wohl und Würde ganzheitlich mit Resilienz verbinden

Vor dem Hintergrund der **globalen Entwicklungen auf Planet Erde** werden Überlegungen bis hin zur Frage der Sicherung der **Menschenwürde** angestellt (WBGU 2019, 2020, 2023):

> „Die **Menschenwürde bildet dabei den Ausgangspunkt**. Voraussetzung für die Gewährleistung der Menschenwürde und die Transformationen zur Nachhaltigkeit sind die drei weiteren Dimensionen des normativen Kompasses: (1) die **Erhaltung der natürlichen Lebensgrundlagen**, (2) die **Teilhabe** und (3) die **Eigenart** [Hervorhebungen ergänzt]" (WBGU 2023, S. 67).

Von hier aus erschließen sich Gedanken zu sehr grundlegenden Zusammenhängen:

„Mit der dritten Dimension des normativen Kompasses, der „**Eigenart**" betont der WBGU die **hohe Bedeutung kultureller und biologischer Vielfalt für Resilienz und Lebensqualität**. Zum einen geht es darum, den **Wert von Diversität** anzuerkennen. Ähnlich wie Städte besitzen auch Landschaften bzw. Kulturlandschaften und ihre Nutzungen emotional und physisch erfahrbare Besonderheiten und unverwechselbare Eigenarten, mit denen Menschen sich verbunden fühlen, und die vielfach einen wichtigen Teil der Kultur darstellen. Sie stehen in enger Beziehung mit kulturellen Eigenheiten wie z. B. landwirtschaftlichen Praktiken […], Ernährungsstilen […] oder Materialnutzungen, etwa zum Bauen […]. Diese Eigenarten gilt es zu erhalten und weiterzuentwickeln. Hier besteht auch ein Zusammenhang zur politischen **Teilhabe**, indem Menschen Gestaltungsautonomie für ihre unmittelbare physische Umgebung zugebilligt wird. Zum anderen sieht der WBGU auch die **biokulturelle Vielfalt als eine Ressource für die Transformation zur Nachhaltigkeit und als Basis für Resilienz gegenüber zukünftigen Veränderungen und Schocks**. Hier geht es darum, einen **Pool an Ideen, Beispielen und alternativen Lebensmöglichkeiten zu erhalten und zu schaffen, um positive Veränderungen gestalten und auf veränderte Rahmenbedingungen, etwa durch den Klimawandel, reagieren zu können** [Hervorhebungen ergänzt]" (WBGU 2020, S. 43).

Dabei sind **Gesundheit, Vulnerabilität und Resilienz von Mensch und Natur** verbunden zu sehen:

„Schlussendlich ist die **Gesundheit, Vulnerabilität und Resilienz von Mensch und Natur** gegenüber Umweltveränderungen erst vor diesem evolutionären Hintergrund zu verstehen. Auch **menschliche Zivilisation** kann schließlich nur in einem solchen **Fenster günstiger Umgebungsbedingungen (ihrer Nische)** leistungsfähig sein und die **Gesundheit ihrer Mitglieder** gewährleisten. Die Dimensionen der menschlichen Nische werden dabei auch von den Nischen der vom Menschen genutzten Pflanzen und Tiere mit definiert, die jede für sich nach ähnlichen Prinzipien ebenfalls durch die **Temperatur** sowie die **Verfügbarkeit von Wasser, Nährstoffen** und **Nahrung** limitiert sind [Hervorhebungen ergänzt]" (WBGU 2023, S. 20 f.).

Insoweit Menschen ihr Wohl und ihre Würde sowie das Wohl und die Würde der anderen lieb und teuer sind, werden die **Wirkungen großer Zusammenhänge wie dieser** letztendlich nicht unbeachtet bleiben können.

2.7 Jede und jeder einzelne von uns als Mensch

Mit **Resilienz auf individueller Ebene** geht – verbunden mit *Ereignissen, Erlebnissen, Einsichten/Erkundungen, Engagement* und *Emotionen* – eine individuelle, vielleicht auch persönliche, aber in jedem Fall mit auch subjektive Prägung einher:

„Dabei besteht im Übrigen in den Verhaltenswissenschaften weitgehend Konsens darüber, dass sich das **Schädigungspotenzial solcher Risikolagen und Widrigkeiten** genauso wie das **Potenzial der Ressourcen und Protektionsfaktoren** weniger über objektiv bestimmbare Parameter von Anpassung oder Funktionalität bestimmen lässt, als vor allem über **subjektive Deutungs- und Bewertungskategorien**. Die **Subjektperspektive** wiederum wird von einer Vielzahl **biologischer, gesellschaftlichsozialer wie auch personenbezogener Faktoren** beeinflusst und moderiert [Hervorhebung ergänzt]" (Fooken 2016, S. 15 f.).

Insoweit ist die persönliche Resilienz von uns als Mensch im größeren Kontext zu sehen. Vor diesem Hintergrund ist auch der Gedanke wesentlich, dass Forschung zu Resilienz Bezug auf **verschiedene Phasen in der Lebensspanne von Menschen** nimmt, wie sich beispielsweise bei Fooken (2016) nachlesen lässt.

▶ **Tipp** Insoweit Resilienz hier aus einer übergreifenden Sichtweise – und nicht vornehmlich allein die individuelle Resilienz betreffend – betrachtet wird, kann hier mit Blick auf **Zusammenhänge rund um individuelle Resilienz** für den weiterführenden Einstieg nur auf weitere Quellen verwiesen werden wie beispielsweise Fooken (2016), Kalisch (2022), Gilan et al. (2024b) oder – für Resilienz im Kontext von Bildungwissenschaft – auf Beer (2023). Zudem finde dieser Beitrag https://www.bpb.de/lernen/angebote/grafstat/krise-und-sozialisation/234779/m-04-01-resilienz/ (abgerufen am 05.10.2025) bei der Bundeszentrale für politische Bildung von Melanie Kuss Erwähnung, der ebenfalls eine Annäherung ermöglicht.

Zukunfts- und Handlungsperspektiven 3

Die Befassung mit dem Aufbau und Erhalt der Resilienz von **Menschen, Organisationen** und **Gesellschaften** lädt auch zu der Frage ein, wo man **mit dem eigenen Tun ansetzen** kann. Je nach zukünftiger Entwicklung **kann es auf jeden einzelnen der Beiträge zur Resilienz ankommen**, die dann zusammen genommen die Resilienz im Großen und Ganzen stärken. **Für Organisationen sowie Teilbereiche unserer Gesellschaft Verantwortliche** können entscheidend daran mitwirken, ihre Verantwortungsbereiche mitsamt der Menschen, die sich dort engagieren, resilienter zu gestalten und zu erhalten.

3.1 Twin Transformation als Kontext

„Künstliche Intelligenz überrascht uns immer wieder, wird uns aber nicht abnehmen, was uns als Mensch individuell ausmacht, welche Haltung wir einnehmen und welche Handlungsfelder für eine Zukunft in Wohl und Würde wir wie intensiv angehen."

Hier hätte der Kontext weitläufiger angesetzt werden können; beispielsweise beim Verhältnis von Kultur und Natur wie insbesondere bei Blom (2024) zu finden ist. Für das *essential*-Format wurde der Einstieg fokussierter gewählt; und zwar beim „Zusammendenken der **beiden wohl wichtigsten Entwicklungen der jüngeren Moderne**, nämlich **der wachsenden Bedrohung der natürlichen Lebensgrundlagen der Menschheit** einerseits und der **explosiven Fortschritte im Bereich der Informations- und Kommunikationstechnologien** andererseits [Hervorhebungen ergänzt]" (WBGU 2019, S. 2). Von dieser Verbindung aus – für die sich auch der Terminus **Twin Transformation** findet – in Richtung Zukunft gedacht ist Resilienz mit von entscheidender Bedeutung:

> „Keine dieser an die Digitalisierung gebundenen Hebel werden jedoch wirkmächtig, wenn nicht die **Resilienz, Cybersicherheit und Vertrauenswürdigkeit digitalisierter Infrastrukturen**, ihre **Langlebigkeit** und **Robustheit** sowie auch **eine dem Menschen vorbehaltene Entscheidungshoheit bei gesellschaftsrelevanten Automatismen mit KI** umfassend gewährleistet werden. [...] Digitalisierungsprozesse eröffnen nicht nur Chancen eine **grüne Ökonomie** voranzubringen, sondern auch die **Diversität und Resilienz von Wirtschaftsstrukturen** zu stärken, indem die Privat wirtschaft durch weitere Wirtschaftsformen ergänzt wird. Digitalisierung wird auch von **genossenschaftlichen, öffentlichen oder gemeinwohlorientierten Unternehmen** genutzt, um neue Geschäftsmodelle hervorzubringen [Hervorhebungen ergänzt]" (WBGU 2019, S. 14).

Erwähnenswert erscheinen hier insbesondere auch die aktuellen Entwicklungen rund um **generative Künstliche Intelligenz (KI)**, für die im Auftrag des VDI festgestellt wird:

> „Insbesondere die Problematik sogenannter „Halluzinationen" – also fehlerhafter oder unplausibler Ausgaben durch die KI – stellt eine zentrale Limitation für den Einsatz in **sicherheitskritischen** und **hochpräzisen ingenieurtechnischen Anwendungen** dar [Hervorhebungen ergänzt]" (VDI/VDE – Innovation und Technik GmbH 2025, S. 1).

Und im Sinne **beispielhafter Zukunftsbilder zum Einsatz generativer KI in Ingenieurfeldern** finden sich hier mit Bezug zu Resilienz insbesondere folgende Grundideen beschrieben:

> „**Generatives Design von Gebäuden**: Gebäudepläne werden durch KI automatisch erstellt. Dabei berücksichtigt die KI architektonische Anforderungen, Nachhaltigkeitskriterien und zukünftige Nutzungsszenarien. Ein Hochhaus in einer Erdbebenregion wird z. B. mit **KI-simulierten, hochresilienten Strukturen** geplant [Zweite Hervorhebung ergänzt]" (VDI/VDE – Innovation und Technik GmbH 2025, S. 34).

> „In der **Produktion und Logistik** hat generative KI Prozesse von der Fertigung bis zur Lieferung perfektioniert und vollständig automatisierte, **resiliente Produktions- und Logistiksysteme** geschaffen [Hervorhebungen ergänzt]" (VDI/VDE – Innovation und Technik GmbH 2025, S. 35).

Beispiele wie diese können in **Narrative zur zukünftigen Entwicklung** einfließen, die dann Handeln und Entscheiden leiten. Dabei kann hier auf viele technische Lösungen, die Resilienz stärken können, – bis hin beispielsweise zu

Rettungsrobotern für die Wasserrettung – im vorliegenden *essential* nicht eingegangen werden.

> Tipp Die **Kurzfassung zur Stellungnahme „Resilienz digitalisierter Energiesysteme"** von der Nationalen Akademie der Wissenschaften Leopoldina, acatech und der Union der deutschen Akademien der Wissenschaften hier https://energiesysteme-zukunft.de/fileadmin/user_upload/Publikationen/PDFs/ESYS_Kurzfassung_Resilienz_digitalisierter_Energiesysteme.pdf (abgerufen am 05.10.2025) ist ein Beispiel für Gedanken zu Resilienz im Kontext der Twin Transformation.

Verbunden mit Digitalisierung können vor allem auch für **Demokratien als offene Gesellschaften Verwundbarkeiten** entstehen wie beispielsweise **Meinungsmanipulation durch soziale Medien** oder **Schwachstellen in** (eigen- oder fremderstellten) **technologischen Komponenten als Teil einer zivilen und/oder militärischen Infrastruktur** (Schörnig 2020); vor dem Hintergrund insgesamt sehr **grundlegender Veränderungen** rund um bewaffnete Konflikte bei beispielsweise auch **ethischen Herausforderungen digitalen Wandels** (Rogg et al. 2020). Auf einer übergreifenden Ebene betreffend die Gesellschaft insgesamt findet sich dann zudem auch der hier erwähnenswerte Bezug auf das **soziale Miteinander von Menschen**:

„Die informationstechnologischen Errungenschaften könnten nicht zuletzt unsere Aufmerksamkeit und Wertschätzung auf die nicht unmittelbar kognitiven Kapazitäten lenken, die oft pauschal als **emotionale und soziale Intelligenz** bezeichnet werden. Diese waren vermutlich mindestens so zivilisationsbildend wie die Leistungen des Messens, Rechnens und Dokumentierens. KI würde uns möglicherweise eine gewisse Emanzipation von den Letzteren erlauben und eine **stärkere Hinwendung zu Fähigkeiten wie Empathie, Fürsorge** und **Solidarität** gestatten [Hervorhebungen ergänzt]" (WBGU 2019, S. 7).

„Was macht den Menschen als Mensch aus?"

Vielleicht stellen Sie diese Frage einmal ChatGPT oder anderen ähnlichen Tools. In der Antwort kann sich Spannendes finden; hierauf gehe ich an anderer Stelle beispielsweise in Vorträgen ein.

Auf dem Weg in Richtung zunehmender Digitalisierung und Einsatzbereiche für Künstliche Intelligenz sollten wir **stets Risiken** – die verbunden mit Überlegungen wie beispielsweise bei Bronner (2021) zu Gesellschaft und Internet oder

bei O`Neill (2016) zu mathematischen Modellen und Big Data bestehen können –
und Chancen gleichermaßen wirksam im Blick behalten.

> **Tipp** Insoweit Kompetenzen zum **Umgang mit Künstlicher Intelligenz** insgesamt an Bedeutung gewinnen, können Plattformen wie beispielsweise **https://ki-campus.org/** (abgerufen am 05.10.2025) hilfreich sein. Zu Auswirkungen generativer KI ist beispielsweise auch diese **Studie im Auftrag des VDI** https://www.vdi.de/ueber-uns/presse/publikationen/details/auswirkungen-generativer-ki-auf-die-arbeit-in-ingenieurberufen (abgerufen am 05.10.2025) zu empfehlen. Einrichtungen wie die **Bundeszentrale für politische Bildung** informieren beidseitig zur Twin Transformation: betreffend **Digitalisierung** beispielsweise mit Ganguin et al. (2023) hier https://www.bpb.de/system/files/dokument_pdf/BPB_IzpB_355_Medienkompetenz_02082023.pdf (abgerufen am 05.10.2025) zu Medienkompetenz oder mit Blick auf **Nachhaltige Entwicklung** beispielsweise betreffend Aufklärung rund um die Große Beschleunigung hier https://www.bpb.de/themen/umwelt/anthropozaen/216918/texte-und-grafiken-zur-grossen-beschleunigung-the-great-acceleration/ (abgerufen am 05.10.2025).

3.2 Interdisziplinarität, Transdisziplinarität und Wissenschaft

„Die Außenstation fragt nicht, warum sie die Außenstation ist,
sie ist es einfach."

Folgt man dem WBGU (2019, S. 417), so ist insbesondere eine **digital unterstützte „Trans- und Interdisziplinarität zur Lösung gesellschaftlicher Herausforderungen** [Hervorhebung ergänzt]" bedeutsam für unser aller Zukunft. Hier finde einordnend Erwähnung, dass der Wissenschaftsrat (2020, S. 69) „Disziplinarität und Interdisziplinarität nicht als Gegensätze [versteht], sondern [...] in produktiver Wechselbeziehung".

„Konstitutiv für Interdisziplinarität ist aus Sicht des Wissenschaftsrats die **Interaktion von Disziplinen, die eine Synthese zum Ziel hat.** Interdisziplinarität ist also erst dann gegeben, wenn – in der Forschung wie in der Lehre – eine **Integration von fachlichen Erkenntnissen, Methoden und Begriffen** vollzogen wird. Davon abzugrenzen sind fachübergreifende Kooperationen, die nicht auf Interaktion und Synthese zielen, sondern gemeinsame oder ähnliche Themengebiete arbeitsteilig behandeln. Auch solche multidisziplinären Ansätze können gewinnbringend sein, sollten aber der Klarheit halber nicht als interdisziplinär bezeichnet werden [Hervorhebungen ergänzt]" (Wissenschaftsrat 2020, S. 70)

Zudem sei folgende Einordnung mit aufgeführt:

„Für die **Identifikation und Bewältigung Großer gesellschaftlicher Herausforderungen** muss Wissen zu ökologischen, technologischen, sozialen, kulturellen und ökonomischen Aspekten eines Transformationsprozesses zusammengeführt bzw. flexibel neu kombiniert werden. Große gesellschaftliche Herausforderungen lassen sich daher weder **disziplinär** definieren, noch kann deren Bewältigung allein durch Beiträge einer einzelnen wissenschaftlichen Disziplin gelingen. Vielmehr sind auch **interdisziplinäre** Forschungsansätze sowie **transdisziplinäre** Formen der Zusammenarbeit jenseits der Disziplinen eine unerlässliche Voraussetzung für eine erfolgreiche Bearbeitung [Hervorhebungen ergänzt]" (Wissenschaftsrat 2015, S. 20 f.).

▶ **Tipp** Hier https://d-nb.info/1300325321/34 (abgerufen am 05.10.2025) findet sich Voss et al. (2018) als eine Quelle für den Einstieg in **Transdisziplinarität** verbunden mit der Bewertung von **Vulnerabilität** und **Resilienz**. Zudem können hier unter diesem Link https://www.geo.fu-berlin.de/geog/fachrichtungen/anthrogeog/katastrophenforschung/publikationen-vortraege/working-paper-konzepte/index.html (abgerufen am 05.10.2025) weitere Working Paper der KFS (Katastrophenforschungsstelle) an der FU Berlin eingesehen werden.

Betreffend den **Schutz von Wissenschaftssystem und Wissenschaftsfreiheit** sowie **Beiträgen zu Sicherheit und Resilienz unserer Gesellschaft** führt der Wissenschaftsrat (2025) aus:

„Gravierende Veränderungen der **weltpolitischen Lage**, der Umgang mit zahlreichen **Unsicherheiten in der verteidigungspolitischen und ökonomischen Situation** sowie die Entwicklung von **Forschungsergebnissen und Technologien mit einem inhärenten Dual-Use-Potenzial** stellen Deutschland, Europa und viele andere demokratische Staaten vor neue sicherheitspolitische Herausforderungen. [...] bedingt, dass sich das Wissenschaftssystem in Deutschland und Europa in einer bisher nicht gekannten Weise mit sicherheitsrelevanten Fragen auseinanderzusetzen hat – und zwar in zweifacher Hinsicht: **Zum einen müssen Maßnahmen ergriffen werden, um das Wissenschaftssystem in angemessener Weise zu schützen und zugleich die Wissenschaftsfreiheit zu gewährleisten. Zum anderen tragen auch Akteure**

im Wissenschaftssystem Verantwortung, um zur Sicherheit und Resilienz einer offenen demokratischen Gesellschaft beizutragen [Hervorhebungen ergänzt]" (Wissenschaftsrat 2025, S. 5).

Der Wissenschaftsrat (2025, S. 23 ff.) betont hierfür – ausgehend von „**Knowledge Security** (Wissens- und Forschungssicherheit)" und mit Hinweis auch auf Entwicklungen rund um Wirtschaftssicherheit – den Begriff der **Wissenssicherheit**; verbunden mit Überlegungen auch zur **Wissenschaftsfreiheit** als charakteristisch für den „Kern wissenschaftlichen Arbeitens". Die Überlegungen des Wissenschaftsrates (2025) reichen bis hin zum Bezug auch auf die **Resilienz der Gesellschaft** und die **Sicherheit des Gemeinwesens**.

In diesem Kontext insgesamt eröffnet der **wissenschaftliche Diskurs** einen „deliberativen Raum", in dem „die Komplexität unvorgesehener Entwicklungen etwa im Zuge akuter und andauernder Krisen angemessen erfasst und reflektiert" werden kann, womit wiederum der „wissenschaftliche Diskurs zu einem Element der **Resilienz** [wird], um innovativ auf Unvorgesehenes reagieren zu können [Hervorhebung ergänzt]" (Wissenschaftsrat 2025, S. 18).

3.3   Individuelle Resilienz auf dem Weg ins Anthropozän

„Vom Lernerlebnis zum Lernergebnis"

Unter vielen möglichen Gedanken, die hier einführend verwendet werden könnten, wird der Abschnitt wie folgt begonnen: Gehen wir hier einmal rund um evidenzbasierte Resilienzfaktoren wie Aktives Coping, Selbstwirksamkeit, Optimismum oder soziale Unterstützung – die sich insbesondere bei Gilan et al. (2024b) eingeordnet finden – davon aus, dass für die eigene Resilienz förderliche Zusammenhänge damit verbunden werden können, **auf dem Weg ins Anthropozän Verbesserungen im Sinne des heutigen und zukünftigen Wohls und der Würde jedes einzelnen Menschen zu erreichen; jeder und jede beginnt dabei dann vielleicht auch einfach in seiner und ihrer direkten Umgebung damit, etwas zu verändern.** Ein hierbei möglicherweise unterstützendes Modell kann sich mit **Bewegung, Ernährung, Konsum, Besitz, Energie** und **Engagement (#BEKBEE)** bei Deckert und Saß (2020) finden; auf Englisch in veränderter Reihenfolge: **Consumption, Ownership, Motion, Nutrition, Energy** and **Engagement (#COMNEE)**. Eine weiteres Modell mit dem Potenzial möglicherweise Menschen auf dem Weg von Veränderungen zu unterstützen findet sich im Einzelnen bei Deckert

Abb. 3.1 Vielfältige Handlungsorientierungen auf dem Weg ins Anthopozän

(2021) erläutert und wird hier mittels nachfolgender Abbildung (siehe Abb. 3.1) zusammenfassend aufgegriffen.

Auch kann man sich beispielsweise hier https://www.bbk.bund.de/ (abgerufen am 10.10.2025) mittels Informationen aus dem BBK rund um **Bevölkerungsschutz** und **Katastrophenhilfe** nach möglichen Betätigungsfeldern umschauen; bis hin zu individueller Vorsorge für Notfälle.

▶ **Tipp** Wenn man betreffend **Resilienz** – und insbesondere betreffend individueller Resilienz – verbunden damit ansetzt, die Welt von Morgen zu einem besseren Ort zu machen, kann es sich anbieten, sich im ersten Schritt auf vielfältige Weise **rund ums aufkommende Anthropozäns zu informieren**: Im Sinne ausgewählter Ansätze für den Einstieg besteht beispielsweise eine Möglichkeit in der Befassung mit *Deep Resilience* hier https://link.springer.com/content/pdf/10.1007/s41463-024-00195-7.pdf (abgerufen am 10.10.2025) bei Chungyalpa et al. (2025). In einem weiter gefassten Kontext können auch die *Theory U* von Scharmer (2018), Gedanken zu *Smart Building* (Bosch und Deckert (2023), *Digitale Daseinsvorsorge* (Meier et al. 2024), *Tourismus* (Eilzer et al. 2023), *Permakultur* (Hervé-Gruyer und Hervé-Gruyer 2023) oder *Charisma* (Deckert und Müller 2021) und viele weitere Gedanken, Konzepte, Modelle und Erfahrungen Einstiegspunkte bieten.

Zu bedenken ist: Wie resilient man tatsächlich ist bzw. auch im Laufe der Zeit geworden ist, wird man ein Stück weit allein **verbunden mit herausfordernden Situationen** – erlebt in der Vergangenheit, gerade heute oder noch in Zukunft – feststellen können: Nach Gilan und Helmreich (2024a, S. 74) lässt „Resilienz [...] sich somit nur im Kontext von Stressoren (= Auslösern einer Stressreaktion) erfassen und drückt sich in der erfolgreichen Bewältigung dieser aus". Bei Kalisch (2022, S. 40) findet sich: „Ob man resilient geblieben ist, weiß man, so bedauerlich das ist, eben immer erst hinterher. Nach der Krise, nach dem Schlimmen". Wie wichtig es ist, an der indivuellen Resilienz anzusetzen, zeigt sich einmal mehr, wenn man der Bewertung von Gilan und Helmreich (2024a, S. 79) darin folgt, dass **resiliente Individuen** „die **wichtigste Grundlage für die Bewältigung gesellschaftlicher Krisen** [bilden] und [...] eher als gesellschaftsbezogene Faktoren zur kollektiven Resilienz beitragen [Hervorhebungen ergänzt]" können.

3.4   Vielfalt und eigene Stärken im Blick

„Du verdienst gesehen zu werden, wie du bist."

Insoweit Menschen – vor allem mit Blick auf verschiedenste Situationen, die eintreten können – kaum als stets einheitlich resilient anzunehmen sind, ist es ratsam, dass **(1) die in bestimmten Situationen resilienteren auf die in der Situation weniger resilienten Acht geben und hier unterstützen.** Zudem kann es je nach Situation hilfreich sein, dass Menschen vielfältig sind und damit auch **(2) individuelle Stärken je nach Situation miteinander kombiniert einbringen können.** Im Zuge von Gruppencoaching-Veranstaltungen mit Eltern von (schwerst mehrfach) behinderten Kindern wurde – mehrfach indoor, mehrfach online und outdoor – nahbar einführend das in der nachfolgenden Abbildung dargestellte Stärken-Coaching-Dreieck eingesetzt (siehe Abb. 3.2); dieses kann als Anregung für den Beginn einer Reflektion von Stärken dienen, wobei hierfür stets auch andere als die hier aufgezeigten Begriffe relevant sein können.

Das vorliegende *essential* bietet nicht den Raum, um genauer zwischen „strength", „skills" und „talents" zu unterscheiden, wie sich dies beispielsweise bei Pennock und Alberts (2018) vergleichend angesprochen findet. An dieser Stelle soll jedoch einmal **Neugier** herausgestellt werden; mit Hinweis auf ihre Einordnung betreffend Veränderung in der U-Theorie von Scharmer (2018) und mit Bezug zu Resilienz und Diversität im Unternehmenskontext bei Stork et al. (2022).

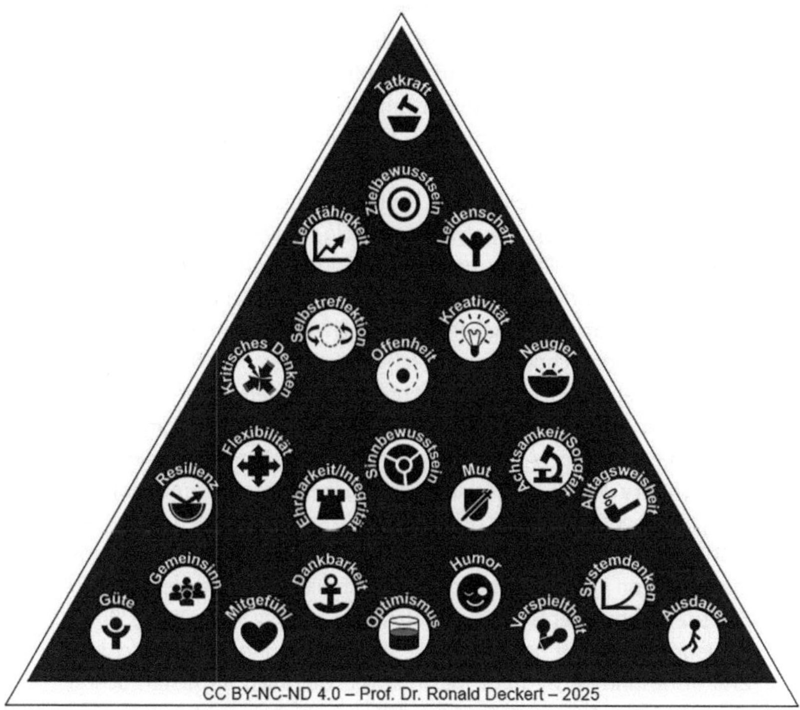

Abb. 3.2 Stärken-Coaching-Dreieck

3.5 Positiv in die Zukunft

„Die Lösung der Probleme da draußen liegt in uns."

Bei Gilan et al. (2024b) finden sich für Resilienz auf einer individuellen Ebene evidenbasierte Resilienzfaktoren benannt, zu denen **Optimismus** und **positive Emotionen** gehören. Nach Gilan und Helmreich (2024a) kann ein „**positiver Bewertungsstil**, also die Einstellung, auch in schwierigen Situationen wie z. B. der Corona-Pandemie einen positiven Blick zu bewahren, [...] **ein möglicher übergeordneter Resilienzmechanismus** sein. Verfügt man über einen solchen Bewertungsstil, werden negative Aspekte zwar wahrgenommen, jedoch durch positivere Sichtweisen oder Umdeutung ersetzt [Hervorhebungen ergänzt]" (Gilan und

Helmreich 2024a, S. 75). Jørgen Randers (2012) – einer der Autoren des ersten Berichtes an den Club of Rome (Meadows et al. 1972) – empfiehlt, dass wir bei allem, was vor uns liegt, **positiv in die Zukunft blicken**. Neben anderen Zusammenhängen kann hierin **einer der Schlüssel** dafür liegen, mit Blick auf die Zukunft als Mensch – und dann auch einmal mehr als Gemeinschaft – resilient zu sein.

▶ **Tipp** Ein Einstieg in die **Positive Psychologie** kann insbesondere mit Seligman und Csikszentmihalyi (2000) erfolgen; diese hat insbesondere auch ins Coaching Einzug gehalten (Mangelnsdorf 2020) und kann nach Mangelnsdorf (2020, S. 4) mit der wissenschaftlichen „Erforschung dessen, was das Leben lebenswert macht" assoziiert werden. Hier https://positivepsychology.com/ (abgerufen am 10.10.2025) kann ebenfalls mehr über positive Psychologie erfahren werden; wie beispielsweise unter diesem Link hier https://positivepsychology.com/broaden-build-theory/ (abgerufen am 10.10.2025) zur **Broaden-and-Build Theory** von Barbara Fredrickson. Auch hier https://pmc.ncbi.nlm.nih.gov/articles/PMC1693418/pdf/15347528.pdf (abgerufen am 10.10.2025) kann bei Fredrickson (2004) für einen Einstieg zum Zusammenhang von positiven Emotionen und Resilienz nachgelesen werden. Zudem wird hier der Hinweis des ehemaligen Navy Seals Divine (2021) aufgegriffen, der für geistige Stärke die Ausrichtung auf ein **positives Ziel** insbesondere weg von destruktiven Gefühlen als ersten Schritt sieht. Bei Maehrlein (2019, S. 11 & S. 15) findet sich der einführende Hinweis auf die „Erkenntnisse der positiven Psychologie" und ebenso recht weit zu Beginn gleich: „**das Gute im Schlechten sehen** [Hervorhebung ergänzt]".

Zusammenfassung und Ausblick 4

„Mach an, was Dich ausmacht."

Individuelle Resilienz – und überhaupt nur ein nennenswertes Maß an (Über-) Lebensfähigkeit des Menschen – entsteht nicht ohne **soziale Einbettung**: „Soziale Unterstützung" kann mit zu den evidenzbasierten Resilienzfaktoren gezählt werden (Gilan und Helmreich 2024a; Gilan et al. 2024b) und bei Gilan, Helmreich und Hahad (2024b, S. 178) findet sich: „Resilienz ohne tragende soziale Beziehungen ist somit nicht denkbar". Dies erklärt in folgender Abbildung in der Mitte und damit im Kern die „Individuelle Resilienz in sozialer Einbettung" (siehe Abb. 4.1). Zudem erscheint hier erwähnenswert, dass der Mensch von Geburt an nicht nur zur Deckung seiner Grundbedürfnissen zum Leben davon abhängig ist, dass sich andere Menschen um das Neugeborene kümmern, sondern für Lernen ist – Meltzoff et al. (2009) folgend – soziale Interaktion essenziell. Insoweit auch Resilienz Anpassung, Veränderung und Lernen insbesondere in sozialen Kontext mit adressiert, wird hier einmal mehr der Gedanke von „personal evolvement in the community" (Leal Filho et al. 2022, S. 2) als englische Übersetzung von „**Persönliche Entfaltung in Gemeinschaft**" (Deckert 2021, S. 32) anschlussfähig.

Insoweit **der Mensch die Systeme um sich herum beeinflusst** – hierbei insbesondere planetare Gegebenheiten, den Staat und die Gesellschaft sowie Organisationen –, kann der Mensch die auftretenden Herausforderungen wie auch ihre Bewältigung betreffend nicht als unbeteiligt gelten. Auch dabei wirken humane und künstliche Intelligenz zunehmend zusammen.

„Es sollte bei KI heute darum gehen, persönliche Horizonte zu erweitern,
und diese nicht durch den Einsatz von KI einzuengen bzw. der KI zu überlassen."

© Der/die Autor(en), exklusiv lizenziert an Springer Fachmedien
Wiesbaden GmbH, ein Teil von Springer Nature 2026
R. Deckert, *Resilienz von Mensch, Organisation und Gesellschaft*,
essentials, https://doi.org/10.1007/978-3-658-50948-4_4

Abb. 4.1 Individuelle Resilienz in sozialer Einbettung als Kerngedanke

Insoweit eine je nach den Rahmenbedingungen und der jeweiligen Situation zu geringe Resilienz gravierende Folgen haben kann, empfiehlt es sich – verbunden mit *Ereignissen*, *Erlebnissen*, *Einsichten/Erkundungen*, *Engagement* und *Emotionen* laufend **die eigene Resilienz** und **die Resilienz der uns umgebenden Systeme** – nicht nur im Sinne einer Widerstandskraft, sondern auch im Sinne von Anpassungs- und Veränderungsfähigkeit – **mit einzubeziehen.** Auch insoweit Resilienz eine gewisse subjektive Prägung trägt (Fooken 2016), könnte in diesem Zusammenhang Achtsamkeit für übergreifende Zusammenhänge und für uns selber in sozialer Gemeinschaft mit einer verstetigten Erkundung des eigenen *Resilienzempfindens* durch jede einzelne und jeden einzelnen von uns mit begleitet werden; dies hier als eine Art Idealvorstellung.

> „In unserer freien Existenz für Wohl und Würde mit Kopf, Herz und Hand liegt
> – bei allen Wirren und in der Stille – ein verlässlicher Kompass für alle
> unsere Pfade.“

Verbunden mit den vielfältigen Gedanken aus Kap. 2 sowie ausgewählten Zukunfts- und Handlungsperspektiven (vgl. Kap. 3) kann es für die Befassung mit Resilienz in einem übergreifenden Sinne **ganz verschiedene – und individuell geprägte – Ansatzpunkte** geben; möglichst und wünschenswerterweise intensiv verbunden auch mit **positiven Emotionen.** Die **freie Gesellschaft** – in der jede und jeder sich mit Blick auf Resilienz nach eigenem Ermessen einbringt – **ist für ihren Erhalt und für ihre Zukunft zugleich auf die Resilienz-Beiträge aller ihrer Mitglieder insgesamt angewiesen.**

Was Sie aus diesem *essential* mitnehmen können

- Breit angelegtes Grundverständnis rund um Resilienz in ganzheitlicher Heransgehensweise
- Systeme übernehmen keine Verantwortung. Menschen übernehmen Verantwortung.
- Vielfältige Hinweise für individuelle Vertiefung rund um Ereignisse, Erlebnisse, Erkundungen/Einsichten, Engagement und Emotionen
- Literaturquellen und Hinweise zur Vertiefung nach Interesse

Literatur

Abels, C. M., Huttunen, K. J. A., Hertwig, R., & Lewandowsky, S. (2024). Dodging the autocratic bullet: Enlisting behavioural science to arrest democratic backsliding. *Behavioural Public Policy*. Advance online publication. https://doi.org/10.1017/bpp.2024.43

acatech (Hrsg., 2014). *„Resilience-by-Design": Strategie für die technologischen Zukunftsthemen*. acatech POSITION. München: acatech.

Antonovsky, A. (1987). *Unraveling the mystery of health – How people manage stress and stay well*. Jossey-Bass Publishers.

Beer, R. (2023). Resilienz. In: Huber, M., Döll, M. (Hrsg.). *Bildungswissenschaft in Begriffen, Theorien und Diskursen*. Wiesbaden: Springer. S. 501–508.

Blom, P. (2024). *Die Unterwerfung – Amfang und Ende der menschlichen Herrschaft über die Natur*. München: Hanser.

Blum, S., Endreß, M., Kaufmann, S., Rampp, B. (2016). Soziologische Perspektiven. In: Wink, R. (Hrsg.). *Multidisziplinäre Perspektiven der Resilienzforschung*. Wiesbaden: Springer. S. 151–178.

Bosch, M., Deckert, R. (2023). *Digitalisierung und Smart Building – Ein kritischer Erfolgsfaktor für nach-haltige Entwicklung*. Wiesbaden: Springer.

Braun, L., Schöneck, J., Albrecht, J. (2025). Resilienz und Empathie als Auswahlkriterien zukünftiger Führungskräfte in der Polizei. In: Albrecht, J. (Hrsg.). *Aktuelle Führungsthemen der Polizeiforschung*. Berlin: Springer. S. 99–122.

Brinkmann, H., Harendt, C., Heinemann, F., Nover, J. (2017). *Ökonomische Resilienz – Schlüsselbegriff für ein neues wirtschaftspolitisches Leitbild?*. Gütersloh: Bertelsmann-Stiftung. https://www.bertelsmann-stiftung.de/fileadmin/files/BSt/Publikationen/Graue-Publikationen/NW_Oekonomische_Resilienz.pdf. Zugegriffen: 17.07.2025.

Bronner, G. (2021). *Kognitive Apokalypse – Eine Pathologie der digitalen Gesellschaft*. München: C. H. Beck.

Bruhn, H. (2021). *Resilienz – Konzept und Kritik*. Working Paper No. 1. Forschungsprojekt RESIST. Universität Siegen. https://www.bildung.uni-siegen.de/mitarbeiter/negnal/resist/202110_resist_working_paper_bruhn.pdf. Zugegriffen: 17.07.2025.

BzgA – Bundeszentrale für gesundheitlidhe Aufklärung (2001). *Was erhält Menschen gesund? Antonovskys Modell der Salutogenese – Diskussionsstand und Stellenwert.* Eine Expertise von Jürgen Bengel, Regine Strittmatter und Hildegard Willmann im Auftrag der BzgA. Erweiterte Neuauflage. Forschung und Praxis der Gesundheitsförderung, Band 6. Köln: BzgA.

Chungyalpa, D., Gauthier, P. E., Goldman, R. I., Vikas, M., Wilson-Mendenhall, C. D. (2025). Framework for Deep Resilience in the Anthropocene. *Humanist Management Journal,* 10, S. 49–64. https://doi.org/10.1007/s41463-024-00195-7

Daus, L., Kesting, B., Kukuk, T. (2014). Resiliente Unternehmen. In: Thoma, K. (Hrsg.). *„Resilience-by-Design": Strategie für die technologischen Zukunftsthemen.* acatech STUDIE. München: acatech. S. 97–114.

Deckert, R. (2006). *Steuerung von Verwaltungen über Ziele – Konzeptionelle Grundlagen unter besonderer Berücksichtigung des neuen Steuerungsmodells.* Dissertation. Universität Hamburg. https://ediss.sub.uni-hamburg.de/handle/ediss/1231. Zugegriffen: 31.08.2025.

Deckert, R. (2021). *Auf dem Weg ins Anthropozän – Zuversichtlich nachhaltige Entwicklung gestalten.* Wiesbaden: Springer VS.

Deckert, R., Müller, H. (2021). *Mit Charisma aus der Krise – Zuversichtlich und zuverlässig Zukunft gestalten.* Wiesbaden: Springer.

Deckert, R., Saß, A. (2020). *Digitalisierung und Energiewirtschaft – Technologischer Wandel und wirt-schaftliche Auswirkungen.* Wiesbaden: Springer.

Deppich, S. (2016). Urbane sozial-ökologische Resilienz. In: Wink, R. (Hrsg.). *Multidisziplinäre Perspektiven der Resilienzforschung.* Wiesbaden: Springer. S. 199–214.

Devine, M. (2021). *Unbezwingbar wie ein Navy Seal – Resilienz und mentale Stärke für Erfolg auf höchster Ebene.* München: Riva.

Die Bundesregierung (2016). *Weißbuch zur Sicherheitspolitik und zur Zukunft der Bundeswehr.* Berlin: Bundesministerium der Verteidigung.

Eckert, M. (2025). *Psychologisches Knowhow für Polizei, Feuerwehr und Rettungsdienste – Verhalten verstehen, Einsätze optimieren.* Wiesbaden: Springer.

Eilzer, C., Harms, T., Dörr, M. (Hrsg., 2023). *Resilienz als Erfolgsfaktor im Tourismus – Beiträge aus Wissenschaft und Praxis zur Entwicklung von Destinationen.* Schriftenreihe des Deutschen Instituts für Tourismusforschung, Band 2. FH Westküste. Berlin: Erich Schmidt.

Evers, A. (2024). Hybridisierung und Modernisierung der Sozialwirtschaft. In: Grunwald, K., Langer, A., Sagmeister, M. (Hrsg.). *Sozialwirtschaft – Handbuch für Wissenschaft, Studium und Praxis.* Baden-Baden: Nomos. S. 961–974.

Fooken, I. (2016). Psychologische Perspektiven der Resilienzforschung. In: Wink, R. (Hrsg.). *Multidisziplinäre Perspektiven der Resilienzforschung.* Wiesbaden: Springer. S. 13–46.

Fredrickson, B. L. (2004). The broaden–and–build theory of positive emotions. Philosophical Trans-actions of the Royal Society of London. Series B: *Biological Sciences, 359(1449),* 1367–1377. https://doi.org/10.1098/rstb.2004.1512

FüAkBw – Führungsakademie der Bundeswehr LGAN (Lehrgang Generalstabs-/Admiralstabsdienst National) U 2023 (2025). *Gesamtverteidigung Deutschland – Ein gemeinsamer Auftrag für unsere Gesellschaft.* Hamburg: Führungsakademie der Bundeswehr.

Ganguin, S., Gemkow, J., Kamin, A.-M., Sander, U. et al. (2023). *Medienkompetenz in einer digitalen Welt*. Informationen zur politischen Bildung (izpb). 355. 2/2023. Bonn: Bundeszentrale für politische Bildung.

Gilan, D., Helmreich, I. (2024a). Die resiliente Gesellschaft – eine kollektive Antwort auf kollektive Probleme. In: Marks, E., Heinzelmann, C., Wollinger, G. R. (Hrsg.). *Krisen und Prävention – Ausgewählte Beiträge des 28. Deutschen Päventionstages*. Mönchengladbach: Forum Verlag Godesberg. S. 73–89.

Gilan, D., Helmreich, I., Hahad, O. (2024b). *Resilienz – die Kunst der Widerstandskraft*. Freiburg: Herder.

Gonzales, I. M. (2021). Foreword. In: Lachapelle, P. R., Gutierrez-Montes, I., Butler Flora, C. (Hrsg.). *Community Capacity and Resilience in Latin America*. The Community Development Research and Practice Series. Volume 13. New York/London: Routledge. S. xxiii–xxiv.

Gunderson, L. H., Holling, C. S., (Hrsg., 2002). *Panarchy: Understanding Transformations in Systems of Humans and Nature*. Washington DC: Island Press.

Hellige, H. D. (2018). The metaphorical processes in the history of the resilience notion and the rise of the ecosystem resilience theory. In: Gößling-Reisemann, S., Hellige, H. D., Their, P. (2018). *The Resilience Concept: From its historical roots to theoretical framework for critical infrastructure design*. artec-paper Nr. 217. ISSN 1613-4907. Bremen: artec Forschungszentrum Nachhaltigkeit. S. 3–31.

Hernández, A. A. (2021). *Das resiliente Dorf – Eine interdisziplinäre Analyse von Akteuren, Lernprozessen und Entwicklungen in drei ländlichen Gemeinschaften Europas*. München: oekom.

Hervé-Gruyer, P., Hervé-Gruyer, C. (2023). *Unser Leben mit Permakultur – Ein Haus, 6.500 Quadratmeter Land in der Normandie, den Kopf voller Träume*. Aus dem Französischen von Christina Preiner. Innsbruck: Löwenzahn.

Holling, C. S. (1973). Resilience and Stability of Ecological Systems. *Annual Review of Ecology and Systematics*, Volume 4, 1973, S. 1–23.

Holling, C. S. (2006). *A Journey of Discovery*. https://www.resalliance.org/files/Buzz_Holling_Memoir_2006_a_journey_of_discovery_buzz_holling.pdf. Zugegriffen: 10.10.2025.

Huth, M. (2025). *Resilienz in Supply Chains – Effektive Strategien und Methoden für robuste und agile Liefer-ketten*. Wiesbaden: Springer.

IPBES (2019). *The global assessment report on biodiversity and ecosystem services – Summary for policymakers*. Intergovernmental Science-Policy Platform on Biodiversity and Ecosystem Services (IPBES). https://files.ipbes.net/ipbes-web-prod-public-files/inline/files/ipbes_global_assessment_report_summary_for_policymakers.pdf.   Zugegriffen: 17.07.2025.

Jaspersen, M. (2025). *Die Rolle der Familienkommunikation für die familiäre Resilienz – Eine theoretische und empirische Modellierung im Kontext der COVID-19-Pandemie*. Wiesbaden: Springer VS.

Kalisch, R. (2022). *Der resiliente Mensch – Wie wir Krisen erleben und bewältigen*. 4. Aufl. München: Piper.

Krüger, M. (2024). Resilienz – Eine Annäherung. In: Max, M. (2024). *Resiliente Infrastrukturen – Perspektiven und Handlungsempfehlungen für ein vernetztes Resilienzmanagment*. Berlin: Erich Schmidt Verlag. S. 318–322.

Lachapelle, P. R., Gutierrez-Montes, I., Butler Flora, C. (Hrsg., 2021a). *Community Capacity and Resilience in Latin America*. The Community Development Research and Practice Series. Volume 13. New York/London: Routledge.

Lachapelle, P. R., Gutierrez-Montes, I., Butler Flora, C. (2021b). Community Capacity and Resilience in Latin America through the Community Capitals Lens. In: Lachapelle, P. R., Gutierrez-Montes, I., Butler Flora, C. (Hrsg.). *Community Capacity and Resilience in Latin America*. The Community Development Research and Practice Series. Volume 13. New York/London: Routledge. S. 1–16.

Leal Filho, W., Levesque, V., Sivapalan, S., Lange Salvia, A., Fritzen, B., Deckert, R., Kozlova, V., LeVasseur, T. J., Emblen-Perry, K., Azeiteiro, U. M., Paço, A., Borsari, B., Shiel, C. (2022). Social values and sustainable development: community experiences. *Environ Sci Eur* 34, 67 (2022). https://doi.org/10.1186/s12302-022-00641-z

Li, Z., He, J., Subramanian, A., Tiwale, N., Dusoe, K. J., Nam, C.-Y., Li, Y., Lee, S.-W. (2023) Unraveling the ultrahigh modulus of resilience of Core-Shell SU-8 nanocomposite nanopillars fabricated by vapor-phase infiltration. *Materials & Design*, Volume 227, 2023, 111770, ISSN 0264-1275, https://doi.org/10.1016/j.matdes.2023.111770

Lukesch, R. (2016). Resiliente Regionen. Zur Intelligenz regionaler Handlungssysteme. In: Wink, R. (Hrsg.). *Multidisziplinäre Perspektiven der Resilienzforschung*. Wiesbaden: Springer. S. 295–332.

Luhmann, N. (1968). *Zweckbegriff und Systemrationalität – Über die Funktionen von Zwecken in sozialen Systemen*. Tübingen: J.C.B. Mohr (Paul Siebeck).

Macrae, C. (2019). Moments of Resilience: Time, Space and the Organisation of Safety in Complex Sociotechnocal Systems. In: Wiig, S., Fahlbruch, S. (Hrsg.). *Exploring Resilience – A Scientific Journey from Practice to Theory*. Springer briefs in applied sciences and technology. Safety management. Cham: Springer. S. 15–24.

Maehrlein, K. (2019). *Die Bambusstrategie – Den täglichen Druck mit Resilienz meistern*. Offenbach: Gabal.

Major, C., Mölling, C. (2015). *Eine hybride Sicherheitspolitik für Europa – Resilienz, Abschreckung und Verteidigung als Leitmotive*. SWP-Aktuell 31. Berlin: Stiftung Wissenschaft und Politik/Deutsches Institut für Internationale Politik und Sicherheit. S. 1–4. https://www.swp-berlin.org/publications/products/aktuell/2015A31_mjr_mlg.pdf. Zugegriffen: 10.10.2025.

Mangelsdorf, J. (2020). *Positive Psychologie im Coaching – Positive Coaching for Coaches*, Berater und Therapeuten. Wiesbaden: Springer.

Max, M. (Hrsg., 2024a). *Resiliente Infrastrukturen – Perspektiven und Handlungsempfehlungen für ein vernetztes Resilienzmanagment*. Berlin: Erich Schmidt Verlag.

Max, M. (2024b). Einleitung. In: Max, M. (2024). *Resiliente Infrastrukturen – Perspektiven und Handlungsempfehlungen für ein vernetztes Resilienzmanagment*. Berlin: Erich Schmidt Verlag. S. 20–33.

McAslan, A. (2010). *The Concept of Resilience – Understanding its Origins, Meaning and Utility*. A strawman paper by Alastair McAslan. Adelaide: Torrens Resilience Institute.

Meadows, D. H., Meadows, D. L., Randers, J., Behrens, W. W. (1972). *The Limits to Growth. A Report for THE CLUB OF ROME's Project on the Predicament of Mankind*. New York: Universe Books. http://www.donellameadows.org/wp-content/userfiles/Limits-to-Growth-digital-scan-version.pdf. Zugegriffen: 10.10.2025.

Meier, J., Brosze, T., Papenfuß, U., Wiesche, M. (2024, Hrsg.). *Digitale Daseinsvorsorge – Stadtwerke als Treiber der digitalen Transformation für Kommunen, Land und Bund.* Wiesbaden: Springer.

Meltzoff, A. N., Kuhl, P. K., Movellan, J., & Sejnowski, T. J. (2009). Foundations of a new science of learning. *Science*, 325(5938), S. 284–288.

Merkel. W. (2024). Wie resilient ist unsere Demokratie?. ApuZ – Aus Politik und Zeitgeschichte. Bonn: Bundeszentrale für politische Bildung.

Naderpajouh, N., Matinheikki, J., Keeys, L. A., Aldrich, D. P., Linkov, I. (2023). Resilience science: Theoretical and methodological directions from the juncture of resilience and projects. *International Journal of Project Management* 41 (8). https://doi.org/10.1016/j.ijproman.2023.102544.

Niehaus, U. (2025). *Trusting Leadership: Ein Führungsmodell für die Entwicklung von Vertrauen und Resilienz in Organisationen.* Berlin: Springer.

O`Neill, C. (2016). *Weapons of Math Destruction – How Big Data increases Inequality and threatens Democracy.* Penguin Random House UK.

Pennock, S. F., Alberts, H. (2018). 3 Positive Psychology exercises. https://positivepsychology.com/. Zugegriffen: 19.07.2025.

Randers, J. (2012). *2052 – A Global Forecast for the Next Forty Years.* A REPORT TO THE CLUB OF ROME COMEMORATING THE 40TH ANNIVERSARY OF The Limits to Growth, Vermont: Chelsea Green Publishing.

Rockström, J., Gupta, J., Lenton, T. M., Qin, D., Lade, S. J., Abrams, J. F., Jacobson, L., Rocha, J. C., Zimm, C., Bai, X., Bala, G., Bringezu, S., Broadgate, W., Bunn, S. E., DeClerck, F., Ebi, K. L., Gong, P., Gordon C., Kanie N., Liverman, D. M., Nakicenovic, N., Obura, D., Ramanathan, V., Verburg, P. H., van Vuuren, D. P., Winkelmann, R. (2021). Identifying a safe and just corridor for people and the planet. *Earth's Future*, Volume 9, Issue 4. https://doi.org/10.1029/2020EF001866

Rogg, M., Scheidt, S., von Schubert, H. (2020). Ethische Herausforderungen digitales Wandels in bewaffneten Konflikten. Hamburg: German Institute for Defence and Strategic Studies.

Scharmer, O. (2018). *The Essentials of Theory U – Core Principles and Applications.* Oakland: Berrett-Koehler.

Schäfer, S. K., Supke, M., Kausmann, C., Schaubruch, L. M., Lieb, K., Cohrdes, C. (2024). A systematic review of individual, social, and societal resilience factors in response to societal challenges and crises. communications psychology 2, 92. https://doi.org/10.1038/s44271-024-00138-w

Scherrer, Y. M. (2020). Organisationale Resilienz und Antifragilität in Einsatzorganisationen. In: Kern, E.-M., Richter, G., Müller, J. C., Voß, F.-H. (Hrsg.). *Einsatzorgansiationen – Erfolgreiches Handeln in Hochrisikosituationen.* Wiesbaden: Springer. S. 79–102.

Schörnig, N. (2020). Implikationen eines Krieges at *machine speed* – Der digitale Wandel des bewaffneten Konflikts aus politikwissenschaftlicher Perspektive. In: Rogg, M., Scheidt, S., von Schubert, H. (Hrg.). Ethische Herausforderungen digitales Wandels in bewaffneten Konflikten. Hamburg: German Institute for Defence and Strategic Studies. S. 67–82.

Seligman, M. E. P., M. Csikszentmihalyi (2000). Positive Psychology – An Introduction. American Psycholigist, 55, S. 5–14.

Stahlhut, B., Lammert, M. (2022). *Gesamtstaatliche Sicherheitsvorsorge – gerüstet für den Ernstfall?*. Berlin: Berliner Wissenschaftsverlag.

Staller, M. S., Zaiser, B., Koerner, S. (2023). *Handbuch Polizeipsychologie – Wissenschaftliche Perspektiven und praktische Anwendungen*. Wiesbaden: Springer.

Stockholm Resilience Center (2025). *Planetary boundaries – The planetary boundaries framework highlights the rising risks from human pressure on nine critical global processes that regulate the stability and resilience of the Earth*. Stockholm University. https://www.stockholmresilience.org/research/planetary-boundaries.html. Zugegriffen am 17.07.2025.

Stork, W., Schuster, A., Kopsch, A., Grund, M. (2022). *Resilienz und Neugier – 15 Rezepte für eine gesunde Unternehmensentwicklung im 21. Jahrhundert*, Darmstadt: Hochschule Darmstadt. https://doi.org/10.48444/h_docs-pub-302

Thoma, K. (Hrsg., 2014). *„Resilience-by-Design": Strategie für die technologischen Zukunftsthemen*. acatech STUDIE. München: acatech.

United Nations (2020). *UN Common Guidance on Helping Build Resilient Societies*. United Nations Sustainable Development Group. New York: United Nations.

VDI/VDE – Innovation und Technik GmbH (2025). *Auswirkungen generativer KI aus die Arbeit in Ingenieurberufen – Perspektiven, Chancen und Empfehlungen*. VDI-Studie. Düsseldorf: VDI Verein Deutscher Ingenieure e. V.

Voss, M. (2021). *Defence in a Changing World – How Defensive Should (NATO) Defence be?* GIDS Analysis. Baden-Baden: Nomos.

Voss, M., Dittmer, C., Reiter, J. (2018). *Transdisziplinäre Integrative Vulnerabilitäts- und Resilienzbewertung (TIV) – Theoretische und Methodologische Grundlagen*. KFS Working Paper Nr. 5. Berlin: KFS.

Walker, B., Holling, C. S., Carpenter, S. R., Kinzig. A. (2004). Adaptability and Transformability in Social-Ecological Systems. *Ecology and Society* 9 (5).

WBGU – Wissenschaftlicher Beirat der Bundesregierung Globale Umweltveränderungen (2019). *Unsere gemeinsame digitale Zukunft*. Hauptgutachten. Berlin: WBGU. https://www.wbgu.de/fileadmin/user_upload/wbgu/publikationen/hauptgutachten/hg2019/pdf/wbgu_hg2019.pdf. Zugegriffen: 10.10.2025.

WBGU – Wissenschaftlicher Beirat der Bundesregierung Globale Umweltveränderungen (2020). *Landwende im Anthropozän: Von der Konkurrenz zur Integration*. Hauptgutachten. Berlin: WBGU. https://www.wbgu.de/fileadmin/user_upload/wbgu/publikationen/hauptgutachten/hg2020/pdf/WBGU_HG2020.pdf. Zugegriffen: 10.10.2025.

WBGU – Wissenschaftlicher Beirat der Bundesregierung Globale Umweltveränderungen (2023). *Gesund leben auf einer gesunden Erde*. Hauptgutachten. Berlin: WBGU. https://www.wbgu.de/fileadmin/user_upload/wbgu/publikationen/hauptgutachten/hg2023/pdf/wbgu_hg2023.pdf. Zugegriffen: 10.10.2025.

Wieland, A., Durach, C. F. (2021). Two perspectives on supply chain resilience. In: Journal of Business Logistics 21 (3), S. 315–322. https://doi.org/10.1111/jbl.12271

Wiig, S., Fahlbruch, B. (2019). Exploring Resilience – An Introduction. In: Wiig, S., Fahlbruch, S. (Hrsg.). *Exploring Resilience – A Scientific Journey from Practice to Theory*. Springer briefs in applied sciences and technology. Safety management. Cham: Springer. S. 1–6.

Wink, R. (2016). Resilienzperspektive als wissenschaftliche Chance. Eine Einstimmung zu diesem Sammelband. In: Wink, R. (Hrsg.). *Multidisziplinäre Perspektiven der Resilienzforschung*. Wiesbaden: Springer. S. 1–12.

Wissenschaftsrat (2015). *Zum wissenschaftspolitischen Diskurs über Große gesellschaftliche Herausforderungen*. Positionspapier. Drs. 4594-15. Köln: Wissenschaftsrat.

Wissenschaftsrat (2020). *Wissenschaft im Spannungsfeld von Disziplinarität und Interdisziplinarität*. Positionspapier. Drs. 8694-20. Köln: Wissenschaftsrat.

Wissenschaftsrat (2021). *Impulse aus der COVID-19-Krise für die Weiterentwicklung des Wissenschaftssystems in Deutschland*. Positionspapier. Drs. 8834-21. Köln: Wissenschaftsrat.

Wissenschaftsrat (2025). *Wissenschaft und Sicherheit in Zeiten weltpolitischer Umbrüche*. Positionspapier. Drs. 2485-25. Köln: Wissenschaftsrat.